FACULTÉ DE DROIT D'AIX

DES DONS ET LEGS

EN FAVEUR

DES PERSONNES MORALES

THÈSE POUR LE DOCTORAT

PRÉSENTÉE

Par MARIE-JOSEPH PONS

AVOCAT A AVIGNON

AVIGNON
SEGUIN FRÈRES, IMPRIMEURS-ÉDITEURS
13, rue Bouquerie, 13.
1879

THÈSE POUR LE DOCTORAT

FACULTÉ DE DROIT D'AIX

DES DONS ET LEGS

EN FAVEUR

DES PERSONNES MORALES

THÈSE POUR LE DOCTORAT

PRÉSENTÉE

Par MARIE-JOSEPH PONS

AVOCAT A AVIGNON

AVIGNON

IMPRIMERIE ADMINISTRATIVE DE SEGUIN FRÈRES

13, rue Bouquerie, 13.

1879

A MON PÈRE, A MA MÈRE

HOMMAGE D'AMOUR FILIAL !

A MON FRÈRE, A MES SŒURS

AFFECTION SINCÈRE !

A TOUS CEUX QUE J'AIME

SOUVENIR !

INTRODUCTION

Je crois devoir en deux mots dissiper toute équivoque sur l'esprit dans lequel est conçu ce travail. Le sujet de cette thèse touche au droit public : elle nous fait voir à chaque instant l'intervention du pouvoir dans la vie des personnes morales, départements, communes, établissements publics et d'utilité publique, congrégations religieuses. C'est dire assez combien, sous la plume d'un écrivain politique, elle pourrait entraîner à des digressions dans un domaine qui n'est pas le nôtre. Nous avons, quant à nous, fait tous nos efforts pour ne pas glisser sur ce terrain dangereux où fatalement viennent se poser aujourd'hui toutes les questions ayant quelque rapport avec le droit public. Nous croyons avoir réussi. Nous rappelant constamment que nous avions à exposer des principes juridiques et non des systèmes politiques, nous avons consulté la législation existante, étudié son texte, recherché son esprit, considéré ce qu'elle était et non ce qu'elle devrait être, suivant la tendance de tel ou tel système. Lorsque la loi a gardé le silence, nous avons invoqué les règles générales du droit privé et les maximes incontestées de notre droit public.

Jamais notre intention n'a été d'émettre une opinion qui pût ressembler de près ou de loin à une opinion politique. Nous nous sommes, en un mot, contenté du devoir de comprendre, laissant à de plus autorisés que nous le soin difficile de juger. Heureux, si nous avons pu, malgré notre insuffisance, nous maintenir avec quelque honneur dans les sereines régions de la science juridique.

Cette réserve faite, un mot d'explication. Une thèse complète sur la personnalité juridique eût exigé un travail d'une étendue considérable. Nous nous sommes rappelé le proverbe : « Qui trop embrasse mal étreint », et nous avons concentré nos recherches sur la partie qui nous a paru présenter le plus d'intérêt en théorie, le plus d'actualité en pratique. Or il va de soi que les dons et legs constituent la plus grande partie du patrimoine de ces êtres fictifs qui s'appellent indifféremment : personnes juridiques, civiles ou morales. Nul n'ignore, en effet, que la plupart d'entre elles, les hospices, par exemple, les écoles, les communautés religieuses, se forment, se développent, se multiplient, vivent enfin d'une vie propre, d'une vie féconde, grâce aux libéralités sans nombre dont elles sont l'objet de la part d'hommes généreux qu'inspire presque toujours un sentiment de l'amour du bien ou de l'utilité publique.

Étudier à ce point de vue les personnes morales, c'était donc aller au cœur même des questions qui les intéressent le plus vivement.

Nous n'en exposerons pas moins dans une première partie, soit en droit romain, soit en droit français, quelques principes sur les personnes morales reconnues par chacune de ces deux législations.

Ce sera là comme une entrée en matière de notre sujet.

En droit français, notre étude sur les dons et legs, comprendra elle-même, comme étant la plus importante, deux grandes divisions, — l'une exposant les principes communs à toutes les personnes morales, donataires ou légataires, — l'autre, exposant les règles spéciales à chacune d'elles.

Puissions-nous avoir apporté quelque synthèse et quelque harmonie dans ces différentes parties d'un sujet qui n'a fait l'objet d'aucune codification, d'aucun traité spécial, et sur lequel nous avons, par suite, essayé d'établir une théorie d'ensemble, si imparfaite qu'elle dût sortir de nos recherches et de nos efforts !

sonne morale, ne cessera pas de vivre, de contracter des obligations, de proclamer, en un mot, ses titres à la capacité de droit, suivant la belle expression de M. de Savigny (1). On peut dire de la fondation, qu'elle continue, en quelque sorte, la personne de celui qui l'a créée, *sustinet personam defuncti*. C'est donc un être absolument fictif, un être idéal. La personne morale peut donc se comprendre sans idée d'association.

Mais alors même qu'elle est fondée sur une réunion d'individus, la personne morale est un être idéal, parce qu'elle constitue, avons-nous dit, un être distinct de chacun des membres qui la composent et de l'ensemble de ces membres, un être capable d'être propriétaire, d'ester en justice, d'avoir un représentant. (*Habere res communes, arcam communem et actorem sive syndicum*). C'est ce qu'indique le texte n° 2 dans le cas d'une obligation contractée par ou envers une *universitas*. C'est l'idée qui se trouve contenue dans ces quatre mots : *Universitas distat a singulis*, et que développent très-bien les décisions suivantes, puisées dans des textes :

1° L'*universitas* subsiste avec ses droits et son nom, alors qu'il ne reste plus qu'un seul de ses membres, bien qu'il faille au début trois personnes au moins pour la constituer. Si même l'universitas repose sur un intérêt public et permanent, comme la cité, elle survit à la disparition de tous ses membres. Elle joint alors la perpétuité à l'impersonnalité (2).

2° On connait le principe : *Nemini res sua servit*. Il ne sera pas violé par la constitution des servitudes sur les biens de l'universitas au profit des biens des associés : car la propriété de l'une est distincte de la propriété des autres.

3° Un esclave ne pouvait pas être soumis à la torture dans une cause intéressant son maître. Si un membre d'une cité est accusé, on pourra mettre à la question les esclaves de la cité. *Nec enim plurium servus videtur, sed corporis* (3).

4° Le mandataire chargé de représenter en justice le municipe ou la communauté (car toute personne morale a un *actor*, un être fictif ne pouvant de lui-même exercer ses droits), ce mandataire, dis-je, n'a aucun mandat pour représenter les membres de l'universitas. *Hic enim pro republicâ, vel universitate intervenit, non pro singulis* (4).

5° Le *servus civitatis* stipulant 100, aucun citoyen ne peut revendiquer sa part, *quia non sit illorum servus, sed reipublicæ*, (5).

IV. Tels sont les caractères qui me paraissent résulter des textes 1 et 2. Le texte 3 est relatif à la création des personnes morales.

Un principe constant est celui-ci : Point de personne morale, sans l'autorisation d'un pouvoir supérieur. Ce sera l'État représenté, suivant les divers régimes de Rome, par le peuple, le sénat ou l'empe-

(1) *Traité de droit Romain*. — Savigny.
(2) Id. loi 7. § 2. — loi 85, de verb. signif.
(3) Loi 1. § 7 de question.
(4) Loi 2. *Quod cujus*.
(5) Loi 1. 7.

reur, ce sera le pouvoir législatif dans le sens le plus étendu du mot, qui, autorisant la création d'une personne morale, lui donnera en quelque sorte la *confirmatio corporis. Legibus..... ea res coercetur.*

Pourquoi ce principe? Pour deux motifs L'homme peut bien réunir les éléments de la personne morale, c'est-à-dire rassembler les divers membres qui formeront la corporation, disposer de ses biens au profit de l'établissement qui deviendra le sujet de la fondation ; mais de là à créer un être nouveau reconnu, respecté par tous, il y a loin. Il faut, pour que ces éléments soient utilement vivifiés, un pouvoir dominant le pouvoir de chaque individu, il faut un acte de l'autorité souveraine, de l'autorité législative venant dire « Cet être fictif pourra acquérir des biens, se faire représenter : *Proprium est ad exemplum Reipublicæ habere res communes.* L'homme ne peut avoir la prétention de créer à lui seul une fiction. La loi seule a ce pouvoir, et l'intérêt même des personnes morales exigeait cette intervention, en ce sens que, dépourvues d'une reconnaissance solennelle, elles n'auraient point obtenu le respect qu'impose toujours une consécration législative.

A côté de ce motif théorique, il y a des considérations d'un ordre supérieur. Par l'association doublée de la personnalité juridique, l'homme peut multiplier indéfiniment ses forces ; par la fondation, il se survit à lui-même : de là l'importance considérable que peut acquérir toute personne civile dans une société. Moins que toute autre, la politique jalouse du peuple romain pouvait se concilier avec la liberté pour les particuliers d'octroyer à leurs associations ou aux établissements fondés par eux cet instrument de force, d'indépendance et de durée que donne la personnalité juridique. Aussi Gaïus nous dit-il que cette concession fut rarement accordée : *Paucis in causis concessa sunt hujusmodi corpora.*

V. Les principales personnes morales reconnues à Rome furent, dans la classe des associations : l'État, la cité et ces nombreuses corporations désignées sous le nom de *societates, corpora, collegia, sodalitia.* Dans la classe des fondations, nous trouvons certains temples et certains dieux, et, surtout à l'époque chrétienne, les personnes morales appelées *pia corpora.* Quelques mots sur chacune d'elles.

De l'État. — L'État, personnification du peuple romain, est le type préexistant de toute personne civile (*ad exemplum Reipublicæ*). Sous la République, il s'appelle *ærarium* Cette expression représente bien l'État ayant des recettes à opérer, des dépenses à faire, étant en un mot propriétaire. Sans doute, aucune loi formelle ne lui a concédé la personnalité, mais le peuple romain législateur avait par lui-même toute capacité, et cette personnalité est implicitement reconnue par tous les textes, qui lui attribuent des biens et lui permettent de plaider. (1).

Sous Auguste, le *fiscus*, trésor du prince, était indépendant de l'æ-

(1) *De jure fisci*, passim.

rarium, trésor de l'État. Plus tard, le despotisme grandissant, les deux trésors n'en firent qu'un (1).

L'État fut alors absolument personnifié par l'empereur, de sorte, disons-le en passant, qu'un legs fait au prince, s'adressant en réalité à l'État, était maintenu, lors même que le prince venait à mourir avant l'ouverture du droit, *Ante diem cedentem* (2).

Cités, Villes, Municipes — *Personæ vice fungitur*, dit Florentinus, en parlant du *Municipium* (3). Cette personnalité s'explique par la politique que suivit Rome à l'égard des peuples qu'elle soumettait à sa domination. On sait comment le droit de cité romaine, morcelé en plusieurs droits distincts, *jus commercii*, *jus connubii*, *jus honorum*, abandonné peu à peu par ce peuple jaloux de son honneur et de son droit civil, fut accordé d'abord à quelques municipes, ensuite aux villes de l'Italie, plus tard aux provinces de l'Empire, finalement au monde entier par la célèbre Constitution de Caracalla. Mais ce qu'il importe de remarquer, c'est que, parallèlement à ce mouvement libéral, s'en produisit un autre tendant à l'extension des pouvoirs locaux et au développement de l'indépendance administrative. Rome, confisquant la liberté politique d'une cité, avait pour principe de respecter ses franchises municipales. Quelle que fût son organisation administrative, qu'elle s'appelât *municipium*, *civitas fœderata*, colonie, préfecture, toujours nous retrouvons la cité avec ses statuts locaux, ses règlements libres, son patrimoine respecté, ne perdant qu'une chose, grande sans doute, sa liberté comme peuple, mais la compensant en quelque sorte par l'acquisition du *jus civitatis Romanæ* (4). Cette politique permettait à la personnalité juridique de la cité de s'affirmer. L'indépendance administrative est en effet un puissant instrument de la personnalité, laquelle pourra d'autant plus se développer que plus grande sera la liberté d'une cité de posséder, d'acquérir, de gérer ses biens, de se conduire, en un mot, comme une personne, *personæ vice fungi*. Mais comment concilier cette politique libérale avec ce que nous avons dit plus haut du droit public à Rome? L'explication, elle est dans l'habileté profonde de cette politique. Auguste, dit M. Giraud (5), dissémina l'esprit d'indépendance, dont le foyer embrassait naguères la capitale. « On comprend que le droit de cité une fois accordé, les citoyens influents de chaque ville durent venir à Rome, parce que c'est à Rome que s'exerçaient les droits de citoyen, à Rome que se tenaient les comices, à Rome qu'avaient lieu les grandes luttes du Forum. De là, une agitation permanente au sein de la grande cité. L'intérêt des empereurs romains fut d'écarter cette agitation, et c'est pour l'écarter que nous les voyons concédant le droit de cité à des provinces entières,

(1) *De hereditatis petit.* loi 20, 6.
(2) *De legatis*, loi 56, II°.
(3) Loi 22, *De fidejussoribus*.
(4) Voir Savigny, *Hist. du Droit Romain*, t. I, ch. 2.
(5) *Tables de Malaga et de Salpensa*, première lettre à M. Laboulaye.

que nous les verrons plus tard accorder aux villes le droit de recueillir des legs, d'être instituées héritières, d'avoir, en un mot, la personnalité avec toutes ses conséquences. Les citoyens reportèrent alors sur la ville natale l'intérêt qu'ils auraient porté aux affaires générales, et le pouvoir absolu eut ainsi un obstacle de moins.

Voilà comment s'explique l'indépendance administrative, dont nous retrouvons l'expression dans les lois *Julia, lex Galliæ municipalis*. Les traces de ce régime municipal devaient survivre chez nous à l'invasion des barbares et constituer un des éléments de l'émancipation des communes au XIIIe siècle.

Au sein de la cité fonctionnait un autre *universitas*, l'*ordo* ou la *curia*. C'était le corps délibérant, le Sénat. Sa personnalité résulte de la loi 7 § 2, ou Digeste. Dans la curie étaient pris les administrateurs, *duumviri* en Italie, *principales* en province, qui représentaient la cité et devaient donner caution en entrant dans leurs charges. On sait que le recrutement des décurions, rendus responsables de la perception des impôts, donna lieu sous le Bas-Empire à une telle difficulté, qu'il fallut établir des mesures extraordinaires. Le décurionnat finit par être imposé comme une peine aux voleurs et aux assassins (1).

Corporations. — C'est aux personnes morales de cette catégorie que s'applique surtout le principe de l'autorisation préalable, l'État et la cité étant en quelque sorte des personnes morales nécessaires dans toute société. Ceci n'atteint pas le principe. Seulement, l'intervention fut tacite pour l'État et la cité ; elle fut expresse pour les corporations. Passons-les rapidement en revue.

(a) *Corporations religieuses.* — Au premier rang se place le collège des Pontifes. Il suffit de citer celui des Augures, des Vestales. Leur personnalité résulte de la loi 38, § 6 (2), qui leur reconnait capacité d'acquérir en vertu d'un testament. Ces collèges avaient un caractère officiel. Ils se multiplièrent sous l'Empire lorsque, chaque empereur après sa mort devenant un dieu, il fallut pour assurer le service de ces nouveaux cultes, créer des *Sodales Augustales, Claudiales Hadrianales*, etc. Lorsque le Christianisme parut, des associations religieuses d'un autre genre se formèrent. Mais elles furent appelées *illicita*, expression sous laquelle on devine la persécution. C'est à la nouvelle religion que fait allusion le texte de Marcien : « *Religionis causa coire non prohibentur, dum tamen per hoc non fiat contra senatus consultum, quo illicita collegia coercentur* » (3).

(b) *Corporations industrielles.* — La plupart des auteurs en attribuent la création à Numa, qui aurait vu là un moyen d'accomplir la fusion des races romaine et sabine. Elles furent l'objet de privilèges importants, et le premier fut d'échapper à la proscription générale

(1) 63-103, C. Théod., XII-I.
(2) *Quod cuj. univ.* Dig.
(3) *Quod cuj. univ.*

des *collegia* qui, nous le verrons, fut prononcée par César (1). Les *collegiati* étaient exemptés de la tutelle de la curie. Le pouvoir avait intérêt sans doute à les ménager. Les professions étaient classées, on ne pouvait en sortir. L'exercice d'une profession classée devint une fonction de l'État; par suite les membres furent astreints à certaines charges auxquelles était affecté le patrimoine de la corporation (2). Les plus célèbres furent les *clavicularii*, entrepreneurs des transports de fournitures pour alimenter les villes, les *pistores*, chargés de les approvisionner.

(c) *Associations amicales.* — Les textes en parlent souvent et les désignent sous le nom de *sodalitates*. Dans le principe, c'étaient les membres d'une même famille se réunissant dans un banquet pour honorer un dieu spécial. Les *sodalitates* eurent d'abord liberté complète: *His autem potestatem facit lex pactionem quam velint sibi ferre, dum ne quid ex publica lege corrumpant.* Mais plus tard elles changèrent de but et de caractère. Associations amicales, elles devinrent associations politiques. En l'an 186 avant Jésus-Christ, la découverte des Bacchanales donna lieu à l'application du principe restrictif concernant l'ordre public. Elles formaient déjà de véritables clubs, où les candidats aux fonctions publiques étaient vivement patronnés comme de nos jours par un comité central. Aussi, un premier sénatus-consulte, dont parle Cicéron, les supprima-t-il d'une manière générale : *Senatus consultum factum est ut sodalitates decuriatique discederent.* En l'an 68 avant Jésus-Christ, Clodius les rétablit ; mais l'Empire, confisquant toutes les libertés, ne pouvait pas laisser intact le droit d'association. César supprima tous les collèges nouveaux (3) : *Cuncta collegia præter antiquitus constituta distraxit.* Enfin, le texte de Marcien établit la prohibition générale, ne faisant exception que pour les *collegia tenuiorum*.

Qu'était-ce donc que le *Collegia tenuiorum?* Des corporations de petites gens, versant dans la caisse commune une cotisation qui leur assurait, dans leur vie, une place dans certains banquets, à certaines fêtes, et après leur mort une place dans le *Columbarium*, c'est-à-dire l'assurance qu'ils ne seraient pas jetés dans la fosse commune et que des honneurs leur seraient rendus. Ces *Collegia* avaient donc pour but l'assistance mutuelle. Leur personnalité résulte de nombreux textes.

Fondations — Avant le christianisme, les personnes morales que nous avons appelées fondations se réduisaient aux temples des dieux. Leur personnalité se développa très-lentement, parce qu'ils n'en avaient pas besoin, par la raison que voici : toutes les choses consacrées devenaient *divini juris* et sortaient par là du commerce (4). Elles n'étaient plus susceptibles d'appropriation privée,

(1) Savigny, chap. II, § 88.
(2) Code Théodosien, *De collegiatis*, — *De his qui cond.*
(3) Suétone, *Cæsar*, 42.
(4) Instit. *De divisione rerum*, t. I.

mais le temple en profitait, comme un usufruitier, de sorte que pour donner à un temple, il suffisait de rendre sacrée la chose donnée. Il fallait, du reste, l'autorisation du Sénat d'abord, plus tard de l'empereur. Il y avait à côté de la consécration le vœu, sorte de pollicitation. Contrairement au droit commun, elle produisait ici une obligation juridique. *Si quis rem aliquam voverit, voto obligatur* (1).

On comprend donc que les temples pouvaient se passer de la personnalité. Cependant ils l'avaient. C'est ainsi qu'ils possédaient des affranchis (2), et que nous verrons certains d'entre eux institués héritiers.

Mais c'est le christianisme surtout qui devait faire surgir de nombreuses personnes morales appartenant à la classe des fondations. La Constitution de Constantin marque le point de départ (3). Chaque église chrétienne constitue une personne morale, propriétaire non pas du temple ni des objets directement consacrés à Dieu, puisque ces objets sont toujours *res nullius*, mais des biens qui leur seront donnés pour le soulagement des pauvres. En même temps se fondent, sous l'influence de la nouvelle religion, des établissements de bienfaisance. Et ces *venerabiles loci*, monastères, communautés, maisons de prières s'ouvrant aux âmes avides de pénitence et de recueillement. Tous ces établissements ont la personnalité juridique. L'autorisation même pour le *jus coeundi* n'est plus nécessaire (4). La liberté de la vie religieuse est proclamée, et désormais les cloîtres sont traités comme de véritables établissements publics, relevant de l'autorité religieuse et échappant au contrôle de la puissance laïque. C'est ainsi qu'à la proscription succède la faveur, et que le christianisme accomplit dans cet ordre d'idées, comme dans tous les autres, une révolution, en assurant, dans la sphère de la bienfaisance publique et des intérêts religieux, le développement de la personnalité juridique.

(1) Loi 2. *De pollicitat.*
(2) Loi 20, § 1. *De annuis legatis.*
(3) Loi 1, Code 2.
(4) *De disc. prad.*, 4, 41, — *De loco prad.*, 11. *Passim.*

DEUXIÈME PARTIE

Des dons et legs

CHAPITRE PREMIER

I. Les personnes morales n'ont pas toujours été capables d'acquérir à titre gratuit. — II. Pourquoi ? — III. Comment les difficultés furent elles levées ? — De la représentation.

I. Ce qui constitue la personnalité civile, avons-nous dit, c'est la capacité, pour un être fictif, d'être propriétaire. Tenant ce point de départ, n'en découle-t-il pas, comme conséquence logique, la capacité pour toute personne morale de devenir propriétaire, et par conséquent d'acquérir à titre gratuit ? Il semblerait que oui, et cependant, textes en main, nous devons répondre : non. Par les textes en effet, nous voyons que telle personne civile pouvait acquérir à titre gratuit, à une époque, où telle autre ne le pouvait pas ; que les concessions de cette capacité se succèdent progressivement, lentement, aujourd'hui au profit de celle-ci, demain au profit de celle-là, jamais au profit de toutes, en vertu d'un principe résolument proclamé. Aussi bien, lorsqu'elles se produisent, ces concessions ne sont jamais pleines et entières, ouvrant la porte à tous les modes d'acquérir à titre gratuit, donations, institutions d'héritier, fidéicommis, legs. La marche est lente, mesurée ; les concessions s'échelonnent jusqu'aux derniers temps de l'époque impériale. Voilà le fait ; nous avons à l'expliquer.

II. Faut-il dire que les dispositions à titre gratuit ont toujours éveillé les justes susceptibilités du législateur ? Peut-être bien. La défiance, elle s'explique vis-à-vis des personnes morales ; elle est au fond de notre droit. Mais à Rome il y a surtout un motif juridique, qu'il importe de mettre en relief. La nature idéale et abstraite des *universitates* d'une part, et les principes rigoureux de l'ancien droit, en matière de représentation, d'autre part, nous donnent la véritable explication au point de vue du droit. Elles nous permettent de dire que les diverses incapacités de recevoir ne furent pas des incapacités proprement dites, mais des impossibilités tenant au formalisme primitif du droit romain.

Dans tout acte juridique à Rome, il y a deux éléments, l'un intellectuel, l'*animus* ; l'autre matériel, la forme, s'accomplissant toujours solennellement. Or la personne morale est incapable : 1° d'avoir un *animus*, car le consentement suppose la conscience, et la conscience, l'individu ; 2° d'accomplir un acte matériel quelconque, solennel ou non, parce que, étant un être fictif, elle n'a pas de corps. Elle est sous ce rapport dans une situation pire que l'*infans*, dont l'incapacité est temporaire ; car elle est elle-même dans une *infantia* perpétuelle.

Or, dans la transmission entre vifs, nous rencontrons non-seulement les deux éléments de l'acte juridique, puisqu'elle est présentée par *Justinien* comme *genus adquisitionis* (Institut.) ; mais encore des formalités particulières, telles que l'insinuation (1). Et dans l'acquisition à suite de décès, nous trouvons sous l'ancien droit, l'institution *cum cretione*, avec ses paroles consacrées, et sous le droit classique, l'adition d'hérédité, également solennelle, la gestion *pro herede*, qui consiste à faire acte de maître sur les choses héréditaires. Or, comment la personne civile pourra-t-elle remplir toutes ces conditions, exiger l'insinuation, prendre part à la rédaction de l'acte, prononcer les paroles de l'adition, exécuter les actes qui emportent l'acceptation tacite ? Autant de difficultés théoriques, qui s'opposaient à la capacité, pour les personnes morales, de recevoir entre-vifs ou par testament.

III. Comment lever ces obstacles ? Il y a pour les personnes qui n'ont pas l'exercice des droits, le système de la représentation. Mais on sait qu'à Rome on ne comprenait pas comment un lien de droit pût se former entre absents, par l'intermédiaire d'un tiers. Nul ne pouvait agir que par lui-même. C'était décréter l'impuissance absolue d'acquérir pour la personne morale. Et comment vivre, sans acquérir ? Aussi pendant longtemps n'y eut-il à Rome d'autres personnes morales que l'État. L'État faisait exception, puisqu'un texte (2) nous parle d'un procès soutenu *pro populo* par un particulier. Peu à peu les nécessités de la pratique firent étendre le système de la représentation. C'est ainsi que le *dominus* put être poursuivi par le tiers qui contractait avec l'esclave *institor* ; que plus tard, par voie de réciprocité, le mandant eut lui-même sous forme d'actions utiles les actions qu'aurait acquises le mandataire. Ces progrès profitèrent surtout aux personnes morales. Ainsi voyons-nous l'action utile accordée à l'*universitas* au sujet d'actes accomplis par son *curator* ou administrateur (3). L'État fut représenté par le peuple, le Sénat ou l'Empereur ; les villes ou municipes par la *curie* avec la participation des magistrats nommés par elle et quelquefois le concours des principaux propriétaires ; les corporations *ordinatæ*, c'est-à-dire ayant des *statuts*, par les représentants nommés dans l'acte constitutif ; les

(1) Loi 31 *præ. de donati.*
(2) *Gaius* §. 164, 167, 170, 173, *frag. d'Ulpien.* XXII 8, 27 28.
(3) Loi 5, § 9, *de pecunia cont.* 13, 4.

universitates inordinatæ, par les membres actuels de la corporation délibérant à la majorité des voix (1) : les églises par leur évêque (2) ; les hospices par des *œconomis*. Mais cette théorie, je le répète, ne se développa que lentement, parce qu'elle heurtait les principes du vieux droit quiritaire. De là de l'incohérence dans les textes pour savoir comment les personnes civiles ont pu acquérir : 1° les libéralités entre-vifs, 2° les libéralités à suite de mort. C'est ce qui fait l'objet des deux chapitres suivants.

CHAPITRE II

Des dispositions entre-vifs

I. Elles sont les premières accessibles aux personnes morales. — II. Application de la théorie de l'esclavage. — III. Donations ayant pour objet l'aliénation. — IV. Donations ayant pour objet des stipulations, des créances. — V. Donations à cause de mort. — VI. Pollicitations et vœux.

I. Parmi les acquisitions à titre gratuit, celles qui empruntent la forme des donations ont été les premières accessibles aux personnes morales. Le premier volume du *Corpus inscriptionum latinarum*, qui renferme les inscriptions antérieures à la mort de César, en contient un grand nombre qui parlent de donation faites à des collèges (3). Cela tient à la différence qu'il y a entre les libéralités entre-vifs et les libéralités testamentaires. Celles-ci constituent un vrai mode particulier d'acquisition ; celles-là s'opèrent, sauf les conditions de forme que le législateur peut prescrire, par les moyens ordinaires de translation de propriété ou de création d'une obligation. Elles ne se distinguent des actes à titre onéreux que par leur cause, qui est d'enrichir autrui sans équivalent pour soi-même ; mais, à part ce caractère, elles ont tout de commun avec les actes quotidiens dont se compose la vie civile d'une personne, et dès lors on comprend que pouvoir être propriétaire c'est pouvoir recueillir une donation entre-vifs. Le testament au contraire constitue une transmission *sui generis* : de là plus de tâtonnements sans doute pour accorder cette capacité spéciale à des êtres fictifs.

Toute donation ayant pour objet une transmission de propriété ou une stipulation de créance, examinons successivement l'une et l'autre hypothèse.

(1) Loi 23 § 4. — Loi 12 § 3, 5, Code I. 3.
(2) D. I. 163 § 1. *De regulis juris.*
(3) Voir Beaudouin. — *Des associations relig. et charit.* — Thèse de doctorat, page 68, note.

II. Rappelons d'abord les modes d'acquisition de la propriété, en laissant de côté l'adjudication et l'usucapion, qui évidemment ne s'appliquent pas ici. La mancipation, l'*in jure cessio*, la tradition étaient soumises à des formes solennelles très étroitement réglées par l'ancien droit romain. Impossible de les accomplir par mandataire. Dès lors, avant que la représentation ne fût admise, il semble que les personnes morales n'ont pas dû pouvoir acquérir entre-vifs ? Ce serait une erreur. La théorie de l'esclavage a été mise à profit dans notre matière. On sait que l'esclave n'a rien à lui. Ce qu'il acquiert est pour son maître, *etiam ignorante et invito*. Les jurisconsultes ayant donné à l'*infans* le moyen pour acquérir, la personne civile qui est une infans devait, elle aussi, avoir recours à des esclaves. Mais cela suppose qu'elle a des esclaves ; or, comment les aurait-elle acquis ? Les commentateurs ont cherché à résoudre la difficulté. Les uns ont dit que des esclaves publics affectés d'abord au service d'un temple ou d'une corporation avaient dû à la longue être considérés comme appartenant au temple ou à la corporation dont ils faisaient en quelque sorte partie intégrante. D'autres ont pensé que les enfants de ces esclaves appartenaient au temple où ils naissaient, à la corporation au service de laquelle ils étaient destinés, avant même de naître. Quoi qu'il en soit, il est certain qu'à l'époque classique les personnes mor. les avaient des esclaves. L'État, la cité en avaient (1). Au Digeste, il est dit que les temples ont des esclaves pour les soins matériels du culte (2), et les collèges des esclaves pour préparer les banquets et représenter l'association en justice (3). *Nec enim plurium servus videtur sed corporis.*

III. L'esclave recueillera donc la libéralité faite à la personne civile ; mais encore faut-il que le mode de transmission adopté lui soit accessible. Impossible par, exemple, d'employer l'*in jure cessio*. Car l'esclave, ne pouvant rien avoir en propre, ne peut pas affirmer être propriétaire de la chose livrée, formalité essentielle de l'*in jure cessio*. La *mancipatio* au contraire leur était permise. Malheureusement elle ne s'appliquait qu'aux *res mancipi*. *Quid* de la tradition ? La question est délicate, car la tradition reposant sur la possession, elle est subordonnée à celle-ci : La personne juridique peut-elle posséder ? Deux éléments caractérisent la possession, le *corpus* et l'*animus*; or, la personne civile ne peut avoir l'*animus*. Aussi, Paul dit-il avec raison : *Municipes per se nihil possidere possunt, quia consentire non possunt;* ce qui s'applique aussi bien aux autres personnes civiles qu'aux *municipes* (4). Paul veut dire par là, non point qu'il serait impossible de réunir un grand nombre d'individus dans une volonté commune, mais que l'unité fictive ne peut pas avoir de consente-

(1) Savigny, 2. page 285.
(2) *De annuis legatis*, loi 20, § 1.
(3) *De adqui vel amitt. heredit.* loi 25, § 1.
(4) *De adquir*, loi 1, § 22.

ment propre, la personne morale étant distincte de l'ensemble de ses membres (1). Il y avait un cas où l'*animus* n'était pas nécessaire, celui où l'esclave acquérait la possession *ex peculiari causâ* : l'autorisation d'avoir un pécule tenait lieu d'*animus*. Nerva accordait aux villes la possession de ces objets; mais d'autres jurisconsultes la refusaient avec raison : car le consentement de l'être idéal manquait ici comme pour le reste.

Ce système était trop rigoureux pour durer. On avait admis, *utilitatis causâ*, que l'*infans* muni de l'*auctoritas tutoris* pouvait posséder (2), et même que la possession pouvait être acquise à l'infans par le tuteur seul; l'innovation fut étendue aux *universitates*. Le texte d'Ulpien suppose la question tranchée : *Hoc jure utimur et possidere municipes possunt, idque eis per servum et per liberam personam adquiratur* (3). Et dans un autre texte : *Idem in collegiis cæteris corporibus dicendum erit.* L'*animus*, qui pour le pupille existe chez le tuteur, existe ici chez les représentants de l'universitas. Remarquons que, d'après Ulpien (4), la possession pouvait être acquise non-seulement par un esclave, mais par une personne étrangère : différence notable avec l'acquisition de la propriété, et qui s'explique *utilitatis causâ*. Une constitution de Sévère et d'Antonin décida même que la possession était acquise *etiam ignorantibus*, c'est-à-dire à l'insu de celui au nom duquel agissait le procureur. L'*animus* du représenté n'était donc plus indispensable au moment de la mise en possession. Ces explications données, nous revenons à notre matière, en disant : Toutes les fois qu'une donation sera faite par tradition à une personne civile, les représentants pourront recueillir cette libéralité.

IV. Après la donation sous forme d'aliénation, voyons la donation sous forme de stipulation : il est souvent question dans les textes de promesses faites *donandi animo*. La personne civile jouera le rôle d'un créancier; mais la créance de l'*universitas* ne sera pas, même pour partie, la créance des individus qui la composent. *Si quid universitati debetur, singulis non debetur.* Naturellement la personne civile est incapable de figurer dans une stipulation ; d'autre part, les formes solennelles de la stipulation n'admettaient pas l'intervention d'un tiers. La nécessité, cependant, avait fait introduire en faveur des municipes et, croyons-nous, de toutes les personnes juridiques des dérogations à la rigueur du droit civil : la *condictio utilis* ou l'*actio utilis ex stipulatu* pouvait être valablement acquise à la cité par ses administrateurs (5).

La stipulation pouvait aussi, et, dans le principe, ce dut être le seul moyen possible, intervenir entre l'esclave de l'*universitas* et le

(1) Savigny. — § 90.
(2) loi 32, § 2.
(3) loi 1, § 20, *Cod.*
(4) loi 1, *De adquirenda vel amitt. poss.* — Loi 7, § 3. *ad exhib.*
(5) Loi 7, § 1. *Quod cuj.*

donateur. Il en était, en effet, des créances, comme de la propriété. Elles étaient acquises au maître, en vertu de cette maxime : *Melior conditio nostra per servos fieri potest, deterior non potest*. Et ici ce n'est pas l'action utile, mais l'action directe qui résultera de cette stipulation *donationis causa* (1).

Je veux donner spécialement à tel membre de la corporation. L'esclave de cette corporation peut-il stipuler pour cette personne? Non, car il n'est pas l'esclave de ce membre. Il est vrai qu'aux termes d'une loi, la stipulation *rem pupilli salvam fore*, lorsque le pupille ne sait pas parler, peut être faite en son nom par un esclave public. Mais il n'y a là aucune atteinte au principe « *Universitas distat a singulis.* » Ce que l'esclave public peut faire, toute autre personne, le magistrat lui-même le pourrait également et, dans tous les cas, soit que la stipulation émane de l'esclave, soit qu'elle émane d'une personne libre, ce n'est pas l'action directe, comme il l'aurait si c'était son propre esclave qui eût stipulé, mais une simple action utile que le préteur accorde au pupille (2).

V. Il y a une donation qu'il faut distinguer avec soin de la donation entre-vifs, c'est la donation *mortis causa*. Elle se rapproche par sa nature des actes de dernière volonté en ce qu'elle est subordonnée au prédécès du disposant, et, si l'on préfère, à la survie du donataire. Ici, le donateur est toujours certain que l'*universitas* lui survivra. Pour que le contraire arrivât, il faudrait qu'elle fût supprimée, et c'est là une circonstance assez rare. On sait que les donations à cause de mort finirent par être dans bien des points assimilées aux legs. Au point de vue de la capacité de recevoir, le principe fut que les règles s'appliquaient indistinctement aux donations et aux legs: *Omnibus mortis causa capere permittitur qui semel et legata accipere possunt* (3). Concluons de là que les donations à cause de mort, à la différence des donations entre vifs, n'étaient permises qu'en faveur des *universitates* qui avaient la capacité de recevoir des legs Or, nous verrons que cette capacité n'appartenait pas en principe à toutes les personnes civiles. Ajoutons que les donations à cause de mort durent être fréquentes, les donations entre-vifs plus rares. On se dépouille, en effet, difficilement pendant sa vie au profit d'êtres fictifs qui, par leur nature, ne peuvent pas rendre au donateur les devoirs de gratitude qui sont la consolation du vieillard qui donne. Tout ce qui sera dit sur les legs s'appliquera donc aux donations à cause de mort.

VI. Nous devons indiquer ici deux moyens d'acquisitions à titre gratuit particuliers aux villes et aux temples, la pollicitation et le vœu.

(a) La pollicitation s'applique aux villes : elle n'est pas un contrat, pas même un pacte. C'est un acte unilatéral, une promesse non

(1) Loi 5, § 7, 8, 9, *Dig.* XIII, 5. — Loi 10. *Quod cuj.*
(2) Loi 1, § 16, 15. *De magistr. conv.*, 2-31. *Princip. rem. pup. salv. fore.*
(3) Loi 9. *De donat. mort. caus.* — Loi 35. *Præ. cod.*

acceptée. *Factum est duorum consensus atque conventio; pollicitatio vero offerentis solius promissum* (1). En principe, elle ne produit aucun lien de droit : elle n'est qu'une offre qui ne peut être rétractée. Par exception elle fut déclarée obligatoire envers les villes à certaines conditions Il faut 1° que la promesse ait une juste cause ; 2° en l'absence d'une juste cause, il faut un commencement d'exécution. Au premier rang des justes causes, figure l'obtention d'une dignité ; d'un décret en faveur du promettant. *Si quidem ob honorem promiserit* (2). La cause peut être l'intention de réparer un désastre public. Dans ces divers cas, la promesse, pour être obligatoire, demandait à être faite par une personne présente ; faite par lettre, elle n'aurait eu aucune valeur (3). — *Si sine causa promiserit, cœperit tamen facere, etc.* (4). Ce commencement d'exécution consiste en travaux matériels. Si c'est une somme d'argent qui a été promise pour l'exécution d'un travail, et que, sur la foi de cette promesse, la ville ait commencé l'œuvre, le promettant est tenu *quasi cœpto opere*. Y a-t-il eu commencement d'exécution, voir sur cette question de fait divers textes (5). Quelquefois des promesses exagérées rendaient difficile la position des héritiers ; ceux-ci pouvaient y échapper, en abandonnant une part de la succession, un dixième, s'ils étaient descendants, un cinquième, s'ils étaient *extranei* (6). Le promettant lui-même, ayant promis au delà de ses forces, pouvait obtenir une diminution (7). Ces effets de la pollicitation furent étendus par Zénon aux établissements religieux. (Loi 15, Code I, 2).

(*b*) Le vœu est une pollicitation s'adressant aux dieux, c'est-à-dire aux temples sous le paganisme, aux églises après Constantin. Le vœu engendre donc au profit du temple une créance, qui subsiste contre l'héritier. Par suite, pour faire un vœu, il fallait être capable de s'obliger (8). Nos souvenirs classiques nous rappellent les guerriers vouant aux dieux le dixième de leur butin, les magistrats cherchant par ce moyen à prévenir la colère des dieux. *Res quæ vovetur sacra non efficitur*, dit Ulpien. Cela veut dire que le vœu d'un particulier ne rend pas sacrée la chose donnée pour cela. Une loi ou un sénatus-consulte est nécessaire. C'est une différence entre la consécration et le vœu, la première appelant le concours et l'autorisation des pouvoirs publics, le vœu pouvant au contraire émaner d'un particulier.

(1) Loi 3. *De pollicit.*
(2) Loi 1. *De polli.*
(3) Loi 5. *Cod.*
(4) Loi 1, § 1. *Cod.*
(5) Loi 1, § 3, 1, 5. — Loi 6, § 1. — Loi 14, § 1. — Loi 21. *De except.*
(6) Loi 9, 11, 15.
(7) Loi 1, § 3, 1.
(8) Loi 2. *Præs. de pollicit.*

CHAPITRE III

Des dispositions testamentaires

I. Institution d'héritier; incapacité en principe; pourquoi? — II. Exceptions au principe et concessions successives de cette capacité. — III. De l'hérédité fidéicommissaire et de la *bonorum possessio*. — IV. Des legs et fidéicommis particuliers. — V. Des modalités de legs. — VI. De leur interprétation. — VII. Conclusion générale.

Le principe en cette matière, c'est *a priori*, pour les personnes civiles, l'incapacité d'être instituées héritières. Les textes sont formels : Pline le jeune, dit en parlant des municipes, c'est-à-dire des *universitates*, qui certainement furent toujours les personnes morales les plus favorisées : *Non heredem institui posse rempublicam constat* (1). Ulpien dit encore : *Nec municipia nec municipes heredes institui possunt* (2), c'est-à-dire que l'institution est nulle, soit qu'on désigne la ville, soit les habitants comme héritiers. Quel est le motif juridique de ce principe? Trois opinions peuvent être formulées.

La première, s'appuyant sur le texte même d'Ulpien, *quoniam incertum corpus est*, soutient que la personne morale est une personne incertaine, ne pouvant par suite être instituée. S'il en était ainsi, l'incapacité des personnes juridiques aurait dû disparaître sous Justinien (3). Nous savons en effet, que relativement aux fondations et aux établissements pieux, on avait fait abstraction des règles sur les *incertæ personæ*, et cela bien avant la constitution de Justinien que le *Codex repetitæ prælectionis* ne nous a pas transmise, mais dont nous connaissons la substance (4). Mais en réalité les personnes juridiques ne sont pas des personnes incertaines. En effet, voir Gaïus II. 238. La personne incertaine est celle dont le testateur n'a pu se faire une idée exacte. Or la personne juridique est un être parfaitement connu du testateur.

Une seconde opinion basée encore sur le texte d'Ulpien, *neque cernere universi neque pro herede gerere possunt ut heredes fiant*, dit qu'il y a pour les personnes civiles une impossibilité matérielle à faire adition. L'*infans* lui aussi, ne pouvait faire adition d'hérédité, puisqu'il fallait prononcer certaines paroles, mais il pouvait faire acte d'héritier en touchant les objets de la succession, ce que ne pouvait faire un être idéal. Ce motif n'est pas tout à fait exact. En effet l'in-

(1) *Epistolæ*. V, 7.
(2) Reg. Ulp. 22, § 5.
(3) *Instit. De legat.* 25, 27.
(4) Loi 24, 12. Code I, 3.

capacité de fait était levée par l'institution de la *bonorum possessio*. Les jurisconsultes avaient eu d'abord des scrupules ; mais, à la différence de l'addition d'hérédité, la *bonorum possessio* pouvait être demandée par un esclave, ou par un mandataire libre. Aussi eut-on recours à la *bonorum possessio* dans les cas exceptionnels où, comme nous le verrons, la personne juridique avait obtenu le droit de recueillir *ex testamento*. Dans cette matière comme dans toutes celles qui sont réglées par le droit *prétorien*, on voulut avant tout sauvegarder les intérêts des incapables et on décida même, déclare Ulpien, que si personne ne demandait pour la personne civile la *bonorum possessio*, le préteur pourrait, par un édit spécial, la lui conférer d'office (1).

Une troisième opinion nous semble plus près de la vérité. Nous savons qu'à l'origine toutes les *universitates*, si l'on en excepte l'État, avaient rencontré un obstacle considérable au développement de leur capacité dans l'impossibilité d'user de la représentation. Mais comme elles ne pouvaient agir que par procureur et qu'une fois reconnues, il fallait qu'elles eussent le bénéfice réel de leur reconnaissance, on avait fini par admettre la représentation, mais on ne le fit que graduellement et d'abord pour les actes les plus nécessaires à l'existence des personnes civiles. Or l'acquisition entre vifs suffisant pour soutenir la personnalité, on dut se borner à permettre la représentation dans cette hypothèse. Pour le reste, on s'en tint à la rigueur du droit ; et telle fut la cause principale de l'incapacité où se trouvèrent primitivement les personnes civiles à l'égard des institutions d'héritier. La *factio testamenti passive* n'était pas indispensable à leur existence : elle était en outre non *privati sed publici juris* ; deux motifs pour ne pas déroger aux principes du droit quiritaire. Si plus tard, le formalisme s'affaiblissant, les traces des incapacités primitives se maintiennent encore, il faut en accuser la puissance de la tradition. On ne voulut y déroger que par des concessions particulières, pour telle ou telle personne civile. Ce motif est le seul qui permette d'expliquer pourquoi, alors que la rigueur de l'ancien droit disparaissait un peu partout par l'admission et de la représentation et de la *bonorum possessio*, comme nous l'avons dit, la législation restait dans cette matière absolument attachée aux principes, ainsi que le prouvent les textes cités au commencement de ce paragraphe.

II. Telle est la règle, tels sont ses motifs. Étudions les exceptions qu'elle comporte et les dérogations que le temps y apporta.

1° Toutes les personnes juridiques sans exception peuvent être instituées héritières par leurs affranchis. (Voir, pour les municipes loi I, § 1, de *libert. univ.*, et, pour les collèges, loi I, § I, de *manum, quæ serv.*)

Nous savons que la personne civile avait des esclaves. Plusieurs textes nous parlent aussi des esclaves affranchis par les *universita-*

(1) Loi 3, § 4. *De bonor. possess.*

les (1). Or, d'après la loi des XII Tables, l'affranchi qui ne laissait pas de testament avait pour héritiers d'abord ses *heredes sui*, à défaut, son patron. Le droit prétorien, resserrant les liens résultant de la manumission entre l'affranchi et son ancien maître, avait apporté une restriction au droit absolu de disposer du *libertinus*, et donné au patron la *bonorum possessio contra tabulas*, dans le cas où l'affranchi avait institué d'autres personnes que ses propres enfants. Les personnes morales affranchissant leurs esclaves devaient jouir des mêmes privilèges, et nous voyons dans un texte les municipes exerçant, comme tous les patrons, le droit de réserve établi contre le testament du *libertinus* mort sans enfants. *Municipibus plenum jus in bonis libertorum defertur : hoc est, id jus quod etiam patrono* (2). La conséquence nécessaire était la validité des institutions d'héritier faites au profit des *universitates* par leurs affranchis. En effet le patron ayant une réserve, si l'affranchi l'exhérédait ou le passait sous silence, la *bonorum possessio contra tabulas* était ouverte. Dès lors défendre à l'affranchi d'instituer la personne juridique, c'était le mettre dans l'impossibilité de faire un testament valable. Aussi cette exception est-elle générale et s'applique-t-elle à toutes les personnes civiles. (Voir textes précédents).

2° Certaines personnes juridiques ont reçu à différentes époques et à titre de privilége spécial le droit de recueillir une succession testamentaire.

En premier lieu l'État, *ærarium* ou *fiscus*, a toujours eu cette capacité. C'est de toutes les *universitates*, celle qui s'affirme le plus énergiquement. On n'a jamais invoqué à son encontre les motifs qui rendaient nulles les dispositions testamentaires en faveur des cités. Le peuple romain n'avait-il pas, législateur lui-même, le pouvoir de s'octroyer toute capacité. Sous l'empire, lorsque la personnalité du peuple romain fut tout entière concentrée entre les mains d'un seul, les institutions d'héritier se multiplièrent par esprit de servilité. L'adition était faite par l'empereur ou ses agents (3).

Passons aux villes. Certaines avaient le droit, à l'époque classique, d'être instituées héritières, Marseille par exemple (4). Mais, c'est seulement en 469, qu'une Constitution de l'Empereur Léon reconnut aux villes cette capacité d'une manière générale (*Code Just.*, *De hered. instit.* L. 12). Ce texte capital semble parler du droit des villes, comme s'il existait depuis longtemps, de sorte que cette Constitution n'aurait pas innové. Mais il y aurait alors entre le temps d'Ulpien et l'époque de Léon un acte législatif particulier donnant cette capacité. Or, nous ne trouvons rien de semblable. Il est donc probable que Léon a innové, que les allusions du texte portent sur des institutions

(1) Loi 20, § 1. *De annuis. legat.* — Code J. de serv. reip. man. — *Dig.* loi 1 et 2 de man. quæ serv.
(2) L. uniq. pr. D. de lib. univ. 38, 3.
(3) D. l. 5, § 2, de *Off. procu.* 23, § 2, de *adquir. vel amitt. hered.* 16 § 9, *de jure fisci*
(4) Beaudouin, p. 70.

faites par affranchis (1). Concluons donc que ce n'est qu'au Ve siècle que la catégorie des personnes civiles les plus favorisées après l'État a obtenu le droit de recueillir une hérédité testamentaire.

Les *collegia* ou corporations furent encore moins favorisés. Ils n'ont jamais été relevés de leur incapacité. Il n'y eut que des exceptions individuelles, *speciali privilegio* (2). Si donc nous trouvons une loi où il soit question d'un corps institué héritier, nous devons y voir un *corpus* favorisé d'une concession particulière ou une institution faite par un affranchi (3).

Si nous passons à la classe des fondations, nous voyons d'abord les temples. Ils restèrent en général dans cette condition d'incapacité jusqu'à la fin. Quelques exceptions seulement furent admises: *Deos heredes instituere non possumus, præter eos quos S. consulto Constitutionibus principum instituere concessum est.* Ulpien cite ensuite Jupiter Tarpeien, Mars de Gaule, etc. Mais pourquoi cette énumération limitative? On peut dire que le droit religieux étant à l'origine le droit de la nation, les dépenses du culte étaient payées par la caisse de l'État ou des cités, par la jouissance des choses hors commerce à suite de consécration. Il en résultait que les temples n'avaient pas besoin d'être institués héritiers. Si tous avaient eu capacité, on aurait craint que de nombreux biens ne sortissent du commerce, et cette crainte explique le contrôle de l'État en matière de consécration laquelle fut soumise, jusqu'à Justinien, à l'assentiment du peuple (4).

Le triomphe du Christianisme marqua une révolution importante dans l'histoire des personnes morales. En 321, Constantin rendait sa fameuse Constitution en vertu de laquelle on peut désormais disposer en faveur des églises sous toutes les formes (Code Théod., *De episcop. eccles.*, loi. 4 et ch. 7 *De Sacr. Eccl.*, I., 1). Les églises catholiques furent dès lors capables d'être instituées héritières, et par là il faut entendre chaque église locale, de sorte, que si le testateur avait omis de désigner spécialement l'église, le législateur le faisait à sa place par voie d'interprétation.

Cette Constitution s'applique aussi aux *venerabiles loci*, c'est-à-dire aux établissements religieux et de bienfaisance, en un mot, à toute la classe des fondations qui surgissent sous l'influence du christianisme. C'est ainsi qu'au sein de cette société païenne, épuisée de vices, livrée aux bassesses de l'égoïsme et de la cupidité, purent se développer, grâce à des libéralités, ces institutions philanthropiques, ces maisons de prière, de charité et de travail, qui devaient survivre à la chute de l'empire romain et nous transmettre les bienfaits de la civilisation nouvelle.

(1) Loi 1, § 1, *De lib. univ.*
(2) Loi 8, C. *De hered. instit.*
(3) Loi 1, § 15, — loi 6, § 4, *D. ad S.-C. Trebell.*, 36, 1.
(4) Gaius, II, § 5. — loi 6, § 2, 3, *Dig.*, I, 8. *Instit.*, II, I, § 8.

III. Après avoir vu la règle, énuméré les exceptions, nous devons nous demander s'il n'y avait pas certains moyens mis à la disposition du testateur pour transmettre aux personnes morales l'ensemble de leurs biens. Et d'abord *quid* de l'hérédité *fidéicommissaire* ? Nous savons en quoi elle consistait. On instituait une personne capable : on imposait à sa conscience la charge de transmettre à l'incapable qu'on voulait en réalité gratifier, sans le pouvoir légalement.

L'esprit public avait en général assez d'influence pour contraindre l'héritier fictif à s'exécuter. On fit plus : une sanction civile fut attachée à plusieurs de ces dispositions.

Dans la matière qui nous occupe, ce n'est guère qu'au profit des villes que le *fidéicommis* universel est consacré par la législation. Un sénatus-consulte du temps d'Adrien en reconnaît expressément la validité. C'est le sénatus-consulte *Apronien*, dont une loi de Paul nous a conservé le nom et par suite la date, et auquel Ulpien fait allusion dans ses règles (1). Lorsqu'un fidéicommis avait lieu au profit d'une ville, la curie choisissait un *actor* pour soutenir les actions tant actives que passives du Sénatus-Consulte Trébellien (2).

Nous ne trouvons aucun texte qui donne aux collèges et aux autres personnes morales la capacité d'être institués même *fidéicommissairement*.

Quid de la *bonorum possessio*, autre moyen donné par le préteur ? On sait que c'est une hérédité prétorienne mettant *loco heredis* celui qui l'obtenait. Au point de vue de la représentation, elle a toujours été plus favorisée que l'hérédité. En effet, on discuta longtemps s'il fallait admettre le tuteur à représenter le pupille dans l'addition d'hérédité, tandis que de bonne heure on lui permit de demander au nom de l'impubère la *bonorum possessio*. De même les municipes ne peuvent opérer la manifestation de volonté nécessaire pour l'acquisition de la *bonorum possessio*. Cependant Ulpien leur accorde cette faveur pourvu qu'elle soit demandée par un mandataire ou même par une personne étrangère (3). *A municipibus et societatibus et corporibus bonorum possessio agnosci potest* (Voir encore loi I, § I. de lib. *univ.*). Ces textes sont formels, et on s'est demandé s'il n'y avait pas là un moyen pour les personnes civiles d'échapper à la rigueur du droit civil qui leur refusait la *factio testamenti passive*. Savigny ne le pense pas (4), et nous croyons avec lui que l'admission à la *bonorum possessio secundum tabulas*, était un corollaire de la capacité d'être institué héritier. En effet, s'il en était autrement, pourquoi Léon aurait-il formellement écarté pour les villes cette prohibition, si de fait elle

(1) Loi 26, D. *Ad S.-C. Treb*, 36, I, — T. 22, § 5.
(2) Loi 26-27. *pr. ad. S.-C. Treb.*
(3) *Exped. rer. Grat. D. de autorit. tut.* 26-8 — 7, I, *de bonor poss.*
(4) Loi 3, § 4, *De bonis pars.*
(5) *Traité du droit romain*, ch. II, § 83 — VI.

n'existait plus pour aucune personne morale. En outre, par quelle raison le texte précité justifie-t-il l'admission d'une personne morale à la *bonorum possessio?* Par la raison qu'ils peuvent, dit-il, obtenir l'hérédité de leurs affranchis. Enfin si généraux que soient les termes des textes, ils ne disent pas dans quels cas les municipes ou corporations pourront obtenir la *bonorum possessio.*

Passons aux legs et fidéicommis à titre particulier? Les personnes morales peuvent-elles recueillir des libéralités de cette nature? Oui, semble-t-il. Car les raisons qui dans le droit primitif s'opposaient à l'institution d'hérédité ne se présentent plus pour les legs, pour ceux au moins qui transmettent de plein droit la propriété de l'objet légué, le légataire n'ayant pas à agir et devenant à son insu propriétaire ou créancier. Cependant l'ancien droit refusait la capacité d'acquérir même le legs *per vindicationem.* Pourquoi cela? On peut dire : C'est parce que la doctrine hésitait sur l'instant précis où s'opère l'acquisition au profit du légataire. Les Sabiniens disaient : Elle s'opère à l'instant même de l'addition ; seulement elle s'évanouit, elle est effacée rétroactivement, si plus tard le légataire répudie le legs. Cette théorie aurait permis de gratifier une *universitas* d'un legs, sans blesser le formalisme romain. Mais les Proculéiens subordonnaient l'acquisition à un acte de volonté, c'est-à-dire à une condition que les personnes civiles n'auraient pu remplir que par l'entremise de leur représentant. La doctrine sabinienne finit par l'emporter : mais ces difficultés suffirent pour faire trancher la question qui nous occupe dans un sens négatif, vu la défaveur toujours attachée aux dispositions en faveur des *universitates.*

Ce motif peut être bon : mais à lui seul on le comprend, il serait insuffisant, et il faut en revenir à cette idée, que les personnes civiles n'étant que de pures fictions n'eurent que les droits indispensables à leur existence. Ce motif général trouve même un argument de plus dans l'incapacité d'être légataire, puisque évidemment on ne peut y voir une conséquence de l'incapacité de droit. — Raison de plus pour l'adopter dans une matière qu'il faut juger par l'ensemble plutôt que par le détail. — Quoi qu'il en soit, cette anomalie ne dura pas longtemps. Dès le premier siècle, Nerva accorda le premier aux *civitates* la faculté de recueillir des legs, et un sénatus-consulte d'Adrien renouvela cette concession *(Ulp. Reg. T. 24 § 28).* Il est cependant un passage de Pline : *nec heredem institui præcipere posse rempublicam constat,* qui se rapporte par sa date à une époque postérieure mais rapprochée de la constitution de Nerva, et duquel il résulterait que la constitution impériale était, en pratique, demeurée lettre morte. Mais non, le texte ne parle que du legs *per præceptionem.* Or, cette forme de legs ne pouvait originairement être employée qu'en faveur de l'un des héritiers, et nous savons que les cités ne purent être instituées héritières qu'en l'an 469.

Deliberent decuriones an ad se velint pertinere, proinde ac si uni legatus esset, nous dit Gaïus (C. II § 95). Ce texte nous montre que les représentants de la cité chargés de prononcer sur l'acceptation ou la répudiation d'un legs étaient les *décurions*. L'assemblée du peuple n'était pas convoquée. Ainsi font nos Conseils municipaux, avec cette différence que le gouvernement si absolu des empereurs n'intervenait jamais, soit pour autoriser, soit pour invalider la disposition.

Après les villes, les collèges. On ne peut léguer à un collège à moins qu'il ne soit dans la catégorie très restreinte de ceux qui pouvant être institués héritiers pouvaient *a fortiori* recevoir un legs. Mais cette incapacité qui n'avait pas pour fondement une impossibilité de droit ne dura pas longtemps, et le privilège accordé aux villes par Nerva fut étendu aux collèges autorisés par Marc-Aurèle. *Cum senatus temporibus divi Marci permiserit collegiis legare* (*loi 20 De rebus dubiis*). Et dans les divers exemples cités, nous remarquons qu'une fois la capacité concédée en principe, le sort d'une libéralité ne dépendait pas du pouvoir discrétionnaire de l'autorité, différence capitale avec notre droit français. Les collèges sont donc capables, et cependant nous lisons dans le code de Justinien (1) que les corporations juives ne pouvaient recueillir un legs. Cujas (2) dit que les empereurs chrétiens jaloux de protéger la nouvelle religion voulurent distinguer les établissements religieux en dehors de l'Église catholique. D'autres disent que les associations pieuses étaient maintenues comme telles, mais sans la personnalité. La première explication vaut mieux ; car l'expression *universitas* a toujours désigné une personne morale.

Arrivons aux temples. Les temples et le collège des prêtres qui les desservaient vivaient côte à côte, ayant chacun d'eux la personnalité. Mais l'une de ces personnes morales jouissait en général des privilèges accordés à l'autre. Voilà pourquoi sans doute nous ne connaissons pas de loi spéciale accordant aux temples le droit d'être légataires mais nous avons des textes parlant de legs adressés tantôt au collège du temple, tantôt au temple lui-même (3). C'est surtout à partir du christianisme que les legs pieux reçurent la plus grande liberté. Depuis Constantin, on put disposer en faveur des établissements religieux ou charitables de toute manière et sous toutes les formes, Justinien alla plus loin : il décida *ut in piis causis cesset falcidia* (*Novelle 131, cap. XII*). L'héritier n'eut plus droit de faire réduire le legs aux trois quarts de la fortune du *testateur*. En outre (*Nov. 131 cap. XII*), l'héritier, qui d'ordinaire a un an pour exécuter les legs à partir de l'adition, n'eut plus que six mois à dater de l'insinuation du testament, formalité nouvelle. Enfin les monastères eurent, pour faire exécuter des legs faits à leur profit, un délai qui fut d'abord fixé à cent années (*loi 23 de sacrosanctis ecclesiis*) et qui fut plus tard réduit à quarante. (*Nov. 131 ch. VI.*) De plus, l'action qui leur était donnée à cette occasion était de celle *quæ crescunt in duplum adversus infiziantem*. Elle aboutissait, contre celui qui succombait, à une condamnation au double.

(1) Loi. de *Judæis et cœlicolis*.
(2) Obser. 7. 30.
(3) *De legatis*, loi 38 § 6. — Loi 20 § 1 *de annuis legatis*.

V. Jusqu'ici notre hypothèse a été une disposition ayant pour objet la translation pure et simple du bénéfice du legs. Mais les legs peuvent avoir un autre objet et consister, par exemple, en un certain travail que l'héritier sera chargé d'exécuter lui-même au profit de la cité ou de la corporation. C'est le legs *in opere faciendo*. L'obligation des héritiers de *facere opus* appartient à la classe des obligations indivisibles. Chacun d'eux peut être poursuivi *in solidum* ; mais il a son recours contre les autres. Que si un certain temps était nécessaire pour l'exécution, la personne morale avait le droit d'exiger satisfaction et, en l'absence de caution, de demander l'envoi en possession des biens du testateur. Un texte nous dit que les citoyens d'une ville ne pouvant pas être envoyés en possession, un *remedium extraordinarium* leur fut accordé ; l'*actor municipalis* les représentera dans cette mesure conservatoire (1).

A côté du legs *in opere faciendo*, il y a le legs *in opus*. C'est alors la personne morale gratifiée qui est chargée d'affecter à un certain emploi les valeurs transmises, *si cui in hoc legatum sit, ut ex eo aliquid faceret*. Ordinairement c'était une œuvre *ad honorem, ornatumque civitatis*, dit Paul (2). C'est en d'autres termes les legs pour fondation, que nous retrouverons dans notre législation. Il va de soi que la personne civile devait exécuter les volontés du défunt. Si le *modus* sans être illicite ne peut, à raison de certaines circonstances imprévues, recevoir son exécution, le legs n'en sera pas moins valable. Les premiers citoyens de la ville, d'accord avec les héritiers (*adhibitis heredibus et primoribus civitatis*) (3), fixeront un nouveau *modus*, de manière que la mémoire du bienfaiteur se transmette dignement à la postérité. Ces sortes de libéralités furent fréquentes, parce que les légataires avaient droit à une inscription et que leur nom était le seul qui pût figurer sur un monument public à côté de celui de l'empereur (4).

Enfin, les legs peuvent avoir pour objet l'usufruit d'une chose ou le service d'une rente. L'usufruit ici ne pouvait guère s'établir par legs. La mancipation, en effet, était impossible puisque l'usufruit n'est pas res *mancipi*. L'*injurecessio* pas davantage, avons-nous dit. Le legs *per vindicationem* au contraire pouvait très-bien constituer un pareil droit. D'un autre côté, la constitution entre vifs d'un usufruit ne sied guère aux donateurs qui aiment à se rendre compte de leur générosité. On comprend dès lors que les legs d'usufruit aient été nombreux au profit des personnes morales.

Mais il y avait une difficulté, l'existence illimitée des personnes morales. Qu'il s'agisse d'une rente *per singulos annos*, ou d'un usufruit, voilà un legs qui peut exister à perpétuité. On considéra que la nue-propriété ainsi privée de toute chance de réunir à elle l'usufruit serait sans utilité, et on réduisit le droit du légataire à une durée de

(1) Loi 12 D *ut in possess.*
(2) Loi 122. *De legatis* I.
(3) Loi 16 de usuf. et usu. 33-2.
(4) Loi 3, pré. 3 § 2 *de operib. publ.*

cent ans (1). On a parlé de trente ans, en s'appuyant sur un texte (2). Mais ce second texte se concilie avec le premier, il s'applique exclusivement au cas ou l'on est obligé de réduire un legs par application de la loi *Falcidie*. Dans toute autre hypothèse, il faut dire cent ans. C'est le terme légal de l'usufruit appartenant à une *universitas*.

Dans l'hypothèse d'un legs d'annuités, le legs figurait dans le calcul de la quarte pour le capital de la rente au taux de quatre pour cent (3).

VI. Un dernier point intéressant nous reste à traiter, c'est celui relatif à l'interprétation des legs. Les jurisconsultes romains ont suivi dans l'interprétation des legs le principe rationnel qui a passé dans notre article 1157. Interpréter les legs dans un sens où ils peuvent avoir un effet quelconque dans un sens large et libéral, telle a été la règle dont nous allons voir des applications.

La première vise les personnes incertaines. Nous savons qu'elles n'avaient pas la *factio testamenti passive*. On admet d'abord que le legs fait en faveur d'une *incerta persona* serait valable, s'il était fait *sub certa demonstratione* (4). Plus tard, Papinien décida que le legs fait aux citoyens d'une ville serait censé fait à la ville elle-même (5). Enfin Scévola, suivant la même idée, disait que le *fideicommis* en faveur de personnes employées au service d'un temple s'adressait au temple lui-même. Notons ici une particularité dont nous parlerons en droit français. Un legs s'adressant aux membres d'un collège non autorisé était parfaitement valable. Car alors, dit Ulpien (6), ce n'est plus le collège qui est institué, ce sont des hommes déterminés, *certi homines*, qui, considérés chacun individuellement, ont entière capacité. La jurisprudence française voit souvent là un moyen détourné pour léguer à une congrégation non autorisée. La loi romaine partant de cette idée très-juste, en elle-même, que l'incapacité de la corporation ne doit pas réfléchir sur les individus qui la composent, admet que chacun des *collegiati* recevra une part de la libéralité. Il en résulte que les Chrétiens, avant même le triomphe de leur religion, auraient pu recueillir de semblables libéralités, les principes du droit romain ne permettant pas de voir là un *fideicommis* au profit d'une personne morale non reconnue.

Mais ce fut, surtout, depuis Constantin que les legs en faveur des églises furent favorablement interprétés. Ainsi, dans le droit classique, on n'aurait pu faire un legs à Mars ou Jupiter; il fallait préciser et dire Jupiter Tarpéien, Mars de la Gaule. La règle est tout autre sous le Bas-Empire : un legs à St Paul sera remis à celle des églises de St-Paul, pour laquelle le défunt avait une dévotion par-

(1) Loi 8, *De usu et usuf.*
(2) Loi 68, *ad leg. Falcid.*
(3) Loi 3, § 2, *ad leg. Falcid.*
(4) *Gaius, Inst.* II. 1.
(5) Loi 2, *De reb. dub.*
(6) Loi 20, § 1, *de annuis leg.*

ticulière ; s'il n'y a aucune église consacrée à S. Paul, ce sera à une église quelconque, la plus pauvre en général (1). De même, dans le droit classique, un legs aux pauvres, aux captifs, sans autre désignation aurait été considérée comme s'adressant à des personnes incertaines, nul par conséquent. Le droit du bas empire les déclare valables (2). Le legs fait aux pauvres était recueilli d'abord par les hôpitaux, à défaut par l'Église, qui en faisait l'emploi conformément aux volontés du défunt.

Les legs faits à J.-C. furent très-fréquents à cette époque. Il est difficile de savoir quelle a été l'intention du testateur. S'adresse-t-il à toutes les églises chrétiennes ? On pourrait le croire. Justinien le déclare valable, mais l'attribue à l'église du domicile du testateur (4).

VII. Des explications précédentes, il résulte que dans la dernière période du droit romain, la personnalité juridique, celle surtout qui s'applique aux établissements rangés dans la classe des fondations, reçut un très-grand développement. Le droit romain, si jaloux dans les commencements et de la personnalité et des droits qui en découlent, notamment en matière de libéralités, en arriva à proclamer, sous Justinien, un ensemble de mesures plus favorables les unes que les autres.

Nous ne pouvons mieux terminer notre thèse de droit romain qu'en donnant l'explication rapide de la marche d'une législation qui commence par une extrême méfiance et finit par une extrême faveur à l'encontre des personnes civiles et des libéralités qui leur sont faites.

Le droit public à Rome était fondé sur l'union intime de la religion et de l'État. Les premières associations qui apparaissent sont les *sodalitates*, ayant un caractère religieux ; elles ont ce privilége de pouvoir se donner les statuts qui leur conviendront. *Pactionem quam velint sibi ferre.* Plus tard, cette liberté leur est enlevée, parce qu'elles ont perdu leur caractère primitif et de religieuses sont devenues politiques. Mais la protection due à l'idée religieuse se poursuit dans les priviléges accordés aux temples qui, par exception, avons-nous dit, peuvent être institués héritiers. Plus tard, l'union de l'Église et de l'État devient plus sensible lorsque l'Empereur, concentrant dans ses mains le pouvoir civil et le pouvoir religieux, ajoute à son titre d'empereur, celui de grand pontife. C'est que la politique romaine avait compris qu'il y avait dans l'idée religieuse un élément de puissance et de grandeur. De là, la faveur accordée à tout ce qui touchait plus spécialement la sphère des intérêts religieux. En demeurant chrétiens, les empereurs ne comprirent pas autrement le droit public, et le système de la religion d'État demeura le cachet distinctif de la législation ro-

(1) Loi 20, *Dig. de reb. dub.*
(2) Code Just. *De sacrosanc. eccl.* Loi 24, pr.
(3) *Id. de Episcop.* loi 21.
(4) Loi 25, *de de Sacr. S. Eccl.*

maine. Il y eut une religion officielle, nationale. Nous voulons, disaient les empereurs, que les canons de l'Église aient la même autorité que les lois civiles (*Cod. J. de Episc. et cler.* 41). Et comme à cette époque les églises, les monastères, les établissements de bienfaisance se multiplièrent, sous l'influence d'une religion qui prêchait aux hommes la prière et la fraternité, que dans tout l'empire se fondèrent des maisons de retraite, des institutions de charité, on comprend la part considérable que devait avoir dans le Code et dans les Novelles la législation relative à la capacité de ces nouvelles personnes civiles. On comprend aussi la faveur qui leur fut accordée par un pouvoir qui sur son déclin avait besoin, plus que jamais, d'être soutenu par l'alliance étroite entre le Sacerdoce et l'Empire. A cette union intime les personnes juridiques de la religion chrétienne y gagnèrent l'avantage de pouvoir recueillir librement toutes libéralités entre vifs ou par testament et de jouir, à cet effet, de privilèges exorbitants.

Cette influence du christianisme ne se fit pas sentir seulement sur la personnalité civile des établissements religieux. La constitution de Constantin en effet fut, un siècle après, suivie de celle de l'empereur Léon, qui reconnait aux villes la capacité d'être instituées héritières par toute espèce de personnes.

Nous pouvons donc conclure, que la religion nouvelle, après avoir accompli une révolution morale chez l'individu en lui donnant l'esprit de foi qu'il n'avait plus, l'esprit de sacrifice inconciliable avec la maxime populaire *panem et circenses*, après avoir accompli une révolution sociale en remplaçant l'esclavage par la fraternité, exerça son empire salutaire jusque dans les parties les plus abstraites du droit civil et féconda, pour ainsi dire, le principe de la personnalité juridique en lui donnant les conséquences et le développement que la jurisprudence classique n'avait pas connus.

ANCIEN DROIT FRANÇAIS

Du droit romain nous passons à notre ancienne législation. C'est la transition nécessaire entre l'étude du Digeste et celle de notre Code. Impossible de bien saisir les principes qui nous régissent aujourd'hui sans connaître ceux qui furent en vigueur sous l'ancien régime et qui, à travers les bouleversements de l'histoire, se sont maintenus jusqu'à nos jours, transformés suivant les besoins du temps et la marche progressive de la civilisation. On a dit de la littérature qu'elle était l'expression de la société : cela est encore plus vrai de la législation d'un peuple. Il y a toujours dans la vie d'une nation, conformité des lois de telle époque avec les mœurs de la même époque. C'est là une règle supérieure, dont nous allons voir dans notre sujet des applications lumineuses, en parcourant les grandes étapes de notre histoire, période franque, période féodale, période royale.

PÉRIODE FRANQUE

Du Vme au IXme siècle, nous trouvons dans la Gaule, deux population juxtaposées, l'une puissante, les Barbares, l'autre opprimée, les Gallo-Romains. Nous voyons pendant cette période s'agiter en désordre les éléments hétérogènes d'un peuple qui s'en va, et d'un peuple qui vient, et au milieu de ce désordre, en attendant que du mélange de ces deux races sorte une population française homogène, ce qui domine, c'est le droit du plus fort, c'est l'homme conquis livré à l'arbitraire du chef de guerre et de ses leudes, c'est un pouvoir royal sans consistance, rayonnant un moment d'un grand éclat avec Charlemagne, mais un siècle après lui, se morcelant en une foule de petits fiefs, incapable par suite de rétablir l'ordre, de protéger le faible, de faire respecter les droits les plus sacrés. Tel est l'état social durant la période franque ou barbare. Qu'en résulte-t-il au point de vue qui nous occupe ?

Il en résulte que, dans une pareille société, une institution comme l'Église chrétienne devait jouer un grand rôle, que sa personnalité juridique devait absorber toutes les autres. Seule en effet, elle opposait à l'ignorance des vainqueurs, la science de ses évêques ; aux violences elle répondait par l'enseignement de la charité et de la fraternité. Par la puissance de son dogme et de son organisation, le clergé était seul capable de donner au pouvoir séculier un appui moral efficace. En retour il lui demanda aide et protection. Sa puissance temporelle devint considérable, et l'on vit sous les faibles successeurs de Charlemagne, des conciles déposer des empereurs (1). Quoi d'étonnant alors qu'à cette époque, presque toutes les personnes morales, à part les communautés d'habitants, aient revêtu la forme d'institutions ecclésiastiques. Séminaires, écoles, bureaux de Bienfaisance, établissements hospitaliers, toutes ces personnes morales, sécularisées depuis, étaient alors placées sous la direction habile du clergé, seul capable de les administrer. L'origine ecclésiastique de nos hôpitaux, placés primitivement à côté des églises et des cloîtres, est rappelée par le nom d'Hôtels-Dieu, qui est resté à la plupart d'entre eux.

Tous ces établissements pouvaient être fondés sans autorisation du pouvoir civil. Les capitulaires de Charlemagne, disent en effet que le roi n'intervenait que comme protecteur et comme bienfaiteur (Cap. liv. 18. chap. 50, Baluze I, 180). La permission de l'évêque était seule exigée. Les églises et les monastères vivaient sous l'empire de la constitution de Constantin. Ce n'est pas au moment où leur existence s'imposait en quelque sorte dans l'état social que la reconnaissance de leur personnalité aurait reçu des entraves et rencontré des difficultés.

Quid de leur capacité de recevoir à titre gratuit ? M. Guizot nous enseigne que cette capacité fut souvent exercée, que les donations furent fréquentes. « Tant que dura l'anarchie de l'invasion, dit-il, la protection d'une église ou d'un monastère était presque la seule force dont les petits propriétaires pussent espérer quelque sécurité. On les recherchait par des donations Les églises étaient des lieux d'asile. On les enrichissait pour les récompenser du refuge qu'on s'en promettait ou qu'on y avait trouvé (2). » Et remarquons bien ceci, c'est que jamais l'intervention du pouvoir central n'est apparue autrement que pour concéder des « lettres de garde et de protection ». Ces confirmations n'étaient pas faites, dit Laurière (3), pour rendre l'Église capable de posséder, mais pour rendre ces acquisitions plus stables et pour empêcher que l'Église ne fût dépouillée par chicane ou par violence, ce qui arrivait souvent dans ces siècles peu policés ». Avec de tels éléments il n'est pas étonnant qu'à une époque où, comme nous l'avons dit, toutes les personnes morales étaient autant d'établissements religieux, le clergé fût, au Ve siècle, possesseur du tiers de toutes les terres de la Gaule (4) Qui s'en serait plaint ? Dans ce naufrage universel, une seule chose était restée debout : l'Église.

(1) Chéruel. *Dict. des institut.*
(2) Guizot. *Essai sur l'Histoire de France.* IV ch. 5.
(3) *Origine du Droit.*
(4) Voir de Laveleye, *Formes primitives de la propriété.*

ÉPOQUE FÉODALE

Avec la seconde période, nous entrons dans la féodalité. La distinction entre les vainqueurs et les vaincus disparaît. La fusion des races est achevée, et la France aspire à devenir une nation. Pour atteindre ce but, il faut, avant tout, au sol fixité, attachement à la propriété territoriale. La féodalité remplit ces conditions.

Du Xme au XIIIme siècle chaque leude se fixe en s'isolant, et fixe autour de ses châteaux les vilains, roturiers, serfs attachés à la glèbe. Point de terre sans seigneurs, tel est le principe. Les propriétaires du sol sont les vrais souverains, rendant justice, battant monnaie, percevant l'impôt, faisant la guerre. Le système féodal, dit Guizot, a consisté dans la confusion de la propriété et de la souveraineté.

Dans un tel ordre social, que devient l'État, personne civile prépondérante ? Elle se réduit aux proportions d'un fief. Les royaumes des fils de Charlemagne se dissolvent en seigneuries ; la souveraineté se mesurant à l'étendue des terres, le pouvoir monarchique disparaît, et les derniers Carlovingiens réduits à la ville de Laon sont condamnés à l'impuissance.

Que devient la commune ?

Elle est également atteinte. Les théories féodales (point de terre sans seigneur) font disparaître les quelques biens communaux, bois, forêts, pâturages laissés dans l'indivision par les Barbares. Tout au plus, les communes ont-elles parfois des droits d'usage, concessions faites gratuitement ou contre redevances par le seigneur et surtout par les abbayes et monastères C'est à peine s'il reste au XIIe siècle quelques débris des biens communaux que les *municipia* de la Gaule avaient possédés.

Mais ces deux éléments, l'État et la commune, ces deux forces sociales représentées l'une par le pouvoir royal. l'autre par les vilains et roturiers devenus bourgeois à force de travail, s'unissent pour combattre et renverser leur ennemi commun, et la révolution communale marque le réveil de la personnalité juridique de l'État et des communes. On a discuté sur les causes de ce grand événement. M. A. Thierry, dans ses *Lettres sur l'histoire de France*, soutient que les communes ne sont pas l'œuvre de la politique et des concessions royales, mais la conquête des bourgeois eux-mêmes, le résultat de l'insurrection. Quoi qu'il en soit, les populations ne recherchèrent pas seulement une situation politique et des franchises municipales, mais voulurent aussi recouvrer les droits privés des anciens municipes, un patrimoine commun, des revenus libres, les intérêts collectifs librement administrés par leurs prévôts des marchands. « Aux XIIe et XIIIe siècle, dit A. Thierry, il y eut une immense personnalité municipale que les siècles suivants mitigèrent et amortirent de plus en plus » (1). De là, la reconstitution du patrimoine communal, qui constitue le caractère essentiel de la commune en tant que personne civile. Dans les campagnes le domaine direct resta le plus souvent aux mains du seigneur ; ce fut là l'origine du droit de triage. Mais au point de vue de la personnalité, chaque village forma dès lors un être distinct ayant à titre de biens communaux tout au moins certains droits d'usage qui leur appartenaient en propre.

Quant au pouvoir royal représentant l'État, il se fortifie dans cette lutte, et son union persévérante avec les communes devait marquer l'agonie de la féodalité.

Que deviennent enfin les établissements religieux et de bienfaisance ? La liberté de fonder un établissement se maintient ; mais, du régime féodal naît une restriction au droit d'acquérir, connue sous le nom de droit d'amortissement. On en attribue l'origine à saint Louis, (ordonnance de 1270, art. 125). Loysel en parle en ces termes : « Gens d'église, de communauté et mortemain peuvent acquérer au fief, seigneurie et censive d'autrui, mais ils sont contraignables d'en vider leurs mains dans l'an et jour du commandement à eux fait après l'exhibition du contrat. Après l'an, il n'y peuvent être contraints, mais sont tenus en payer indemnité au seigneur et prendre amortissement du Roy » (2).

Quel est le caractère de ce droit ? Il est purement fiscal à l'époque où nous sommes ; il n'est pas, comme on l'a soutenu, une création de la royauté voulant arrêter l'enrichissement des communautés. Cette théorie est juste sous la période monarchique, mais historiquement elle est fausse. Au temps de saint Louis, on ne se soucie pas des inconvénients économiques de la main-morte. Saint Louis entendait par dessus tout respecter les testaments. « Nulle chose n'est si grand, comme d'accomplir la volonté d'un mort » (3), et Pothier a exprimé très-heureusement en une ligne le caractère et l'effet du droit d'amortissement, en disant que « c'était plutôt la faculté de retenir qui manquait aux monastères que la faculté d'acquérir (4). » Le mot main-morte, en effet, indique à lui seul la cause de la restriction dont il s'agit. On dit que les corporations laïques ou ecclésiastiques, corps-de-ville, collèges, hôpitaux ont la main vive pour recevoir et morte pour rendre, parce que les biens ne sortent plus de leurs mains. « Ces gens, dit Bourjon, ont cent mains ouvertes pour recevoir et une seule entr'ouverte pour la sortie des biens qu'ils possèdent (5). » « Les héritages sont morts entre leurs mains en ce qu'ils n'en sortent plus, dit Henryso. » Or,

(1) *Considérat. sur l'hist de France*, ch. V. — V. aussi Rivière, *Histoire des biens communaux*, page 331.
(2) Loysel, liv. I, tit. I, règle 57. — Édition de Laurière, t. I, p. 95.
(3) Citation dans de Salverte. *Rev. critique*, t. VII, p. 411.
(4) Liv. II, tit. IV.
(5) T. II, 69e question.

n'oublions pas qu'à cette époque il y avait sur la propriété immobilière le domaine direct, retenu par le seigneur, et le domaine utile au possesseur. Le premier donnait des privilèges tels que droits de mutation considérables. Or la personne morale n'aliénant pas, les biens de main-morte étaient perdus pour le seigneur à une époque où celui-ci était jaloux de ses droits. Les rois eux-mêmes, souverains fieffeux, placés peu à peu à la tête de la souveraineté féodale, étaient lésés par ces acquisitions. De là, pour les gens de main-morte la nécessité de traiter avec les seigneurs, avec le Roi, sinon obligation au bout d'un an de vider leurs mains, c'est-à-dire d'aliéner ces biens, afin de les laisser soumis aux droits résultant de la seigneurie directe. Cette autorisation s'accordait moyennant une indemnité représentant la diminution du fief. L'amortissement est donc pour le moment synonyme d'indemnité : il a une cause non pas économique, mais fiscale. « L'impôt, rien que l'impôt, voilà l'unique objet des ordonnances royales sur l'amortissement, jusqu'à ce que les rois et les parlements aient compris que la main-morte envahit tout et qu'il faut mettre un frein à sa puissance. Quant au droit d'autorisation, il est inappliqué » (1).

ÉPOQUE MONARCHIQUE

Du XIVe au XVIIIe siècle s'étend la période monarchique, caractérisée par la prédominance et l'accroissement continu du pouvoir royal. Alors commence à se dessiner la notion de l'État. Il n'y a, en effet, véritablement un État que là où il y a unité de lois, de mœurs et de principes politiques. Cette unité nationale, cette haute conception de la patrie française s'élève sur les ruines de la féodalité : elle réside tout entière dans la personne du Roi. Il y a toujours sans doute confusion du domaine de la commune et du domaine de l'État. Cette confusion demeure jusqu'en 1789 ; mais il n'en est pas moins vrai qu'au point de vue qui nous occupe, la première conséquence à tirer de l'établissement de l'unité monarchique en France, c'est la constitution de l'État, personne morale, destinée à survivre aux bouleversements politiques, s'affirmant plus énergiquement encore après la Révolution. Lorsqu'en effet, la nation eut conquis l'exercice de sa souveraineté, il dut en résulter la négation du droit de propriété dont la royauté était investie sur les biens du domaine, et qui, dès ce jour, dut être transféré de la personne du Roi à l'être moral ou collectif qui forme le corps entier des citoyens. Louis XIV avait pu dire : L'État, c'est moi, grâce à la centralisation puissante, œuvre de Richelieu et de Mazarin. La nation peut dire à son tour : l'État c'est moi, grâce aux transformations de notre régime politique, grâce aussi aux conquêtes successives de la royauté,

(1) Paul Bernard, *Rev. hist. de droit*, t. X, p. 37.

à laquelle nous devons notre belle unité française, caractère essentiel et gloire principale de notre pays.

Voilà pour l'État. Que deviennent les autres personnes civiles ? Toutes d'abord dont la même dénomination. Qu'elles soient ecclésiastiques ou civiles, qu'elles s'appellent villes, bourgs, villages, corporations de marchands, universités, hôtels-Dieu, ou bien communautés religieuses, églises, monastères, chapitres, confréries (1), elles ont toutes un seul nom, celui de gens de main-morte. Toutes aussi sont gouvernées par les mêmes principes au point de vue de leur création et de leur capacité d'acquérir. Ces principes peuvent se résumer en deux mots : défiance et prohibition. C'est la conséquence forcée du régime existant. A mesure que nous approchons de l'unité, la liberté s'efface. L'indépendance locale disparaît, parce que le pouvoir central devient fort. Les rois, dirait-on, revendiquent à leur profit la maxime « nulle terre sans seigneur. »

L'intervention du pouvoir royal se manifeste d'abord dans la création des personnes morales (Voir édit du 21 nov. 1629, art. I ; édit de déc. 1666, préambule ; édit d'août 1749, art. I.)

Mais bien avant 1629, l'autorisation royale était nécessaire pour fonder un établissement. En 1607, disait déjà Loysel (2), « on ne peut s'assembler pour faire corps de communauté, sans congé et lettres du roi. » Au XVIme siècle, Coquille dit : « Les fondations des collèges appartiennent au droit public » (3). Quant aux congrégations religieuses, l'histoire agitée de l'introduction des Jésuites en France, prouve que dès le XVIme siècle, les lettres royales et vérifications d'icelles au parlement, étaient exigées. La bulle du pape qui, en 1540, reconnaissait le nouvel ordre, ne fut pas en effet suffisante. Il leur fallut des lettres-patentes les autorisant à s'établir dans le royaume. Ils les obtinrent d'Henri II, en 1551. Cela ne suffit pas encore. Il fallut présenter ces lettres au Parlement, qui, soutenu par l'évêque Eustache du Bellai, et la faculté de théologie de Paris refusa de les enregistrer. Ce ne fut que dix ans plus tard, en 1562, à la suite du vote des prélats assemblés au colloque de Poissy, que le parlement consentit à la réception des Jésuites, et leur accorda la délivrance du legs de l'évêque de Clermont, qui les avait institués héritiers. Ces quelques mots prouvent bien, ce me semble, qu'avant 1629, le principe de l'intervention administrative était, sinon écrit dans une loi, du moins universellement reconnu et pratiqué.

Quid de la capacité des personnes morales d'acquérir à titre gratuit? Nous avons vu que le droit féodal, comme le droit romain, avait respecté la liberté de disposer en faveur des personnes morales, le droit d'amortissement n'impliquant point par lui-même la prohibition d'acquérir. Le droit monarchique fit de même pendant longtemps.

Ainsi au XVIIme siècle, quelque temps avant d'Aguesseau, Domat

(1) Voir l'énumération dans Bacquet.
(2) Institut. coutum., liv. III, tit. III, règle 23.
(3) Coquille, sur l'*Art. 56 de l'Ord. de Blois*, cité par Troplong, p. 116.

disait des legs pieux : « Qu'ayant la double faveur et de leurs motifs pour de saints usages et de leur utilité pour le bien public, ils étaient considérés comme privilégiés dans l'esprit de nos lois » (1). Mais depuis longtemps, les richesses des communautés et corporations inspiraient aux légistes des pensées moins favorables (2). Une réforme était inévitable dans cette partie de notre législation. Elle fut accomplie par l'édit d'août 1749, dont on a pu dire qu'il était un code d'économie politique contre les établissements de main-morte (Voir les principales dispositions de cet édit, art. 14, art. 17 et 18). Ces articles distinguent les valeurs mobilières en général des immeubles, fonds de terre, rentes foncières. Les valeurs mobilières peuvent être librement acquises entre vifs ou par testament. Les autres biens peuvent être acquis entre vifs, à la condition d'obtenir des lettres patentes, mais défense absolue de les recevoir par testament et nullité de toute disposition de cette nature. Les pauvres sont exceptés de cette prohibition (art. 3), ainsi que les hôpitaux, fabriques et établissements de charité, en vertu de la déclaration de 1762 (3).

Tel est le système qui a servi de base au grand principe de l'autorisation administrative. Ce n'est pas le moment de l'apprécier. Disons seulement que Louis XV crut devoir exposer dans un préambule les motifs de cette grave innovation. Il invoque l'intérêt des familles, l'intérêt de l'État, les dangers de l'accumulation des biens immobiliers. Graves par elles-mêmes, ces considérations perdent de leur valeur à une époque de pouvoir absolu, quand on songe que l'unique remède aux inconvénients de la main-morte, était dans l'arbitraire du Roi et dans l'arbitraire des Parlements. Sans doute la main-morte offrait de sérieux dangers à une époque où elle comprenait la plus grande partie du royaume. Mais je crois aussi que le motif se trouve dans cette tendance dominatrice de la royauté qui ne voyait pas sans inquiétude se constituer à ses côtés des centres puissants. La preuve en est dans les rigueurs excessives établies comme sanction des ordonnances royales ; — les sévérités inouïes contre les communautés religieuses qui voulaient s'affranchir de la surveillance gouvernementale, comme par exemple, la confiscation de leurs biens ; — la permission donnée à des héritiers quelconques d'attaquer du vivant du donateur les libéralités faites en violation de la loi ; — enfin les condamnations à une amende de trois mille livres, prononcées contre les personnes interposées qui avaient prêté leur nom aux gens de main-morte pour échapper à l'édit (art. 24). Dans l'excès même de ces mesures, on trouve la trace d'un pouvoir absolu beaucoup plus jaloux de sa propre conservation que véritablement inquiet, quoi qu'il en dise, des inconvénients économiques

(1) Loi civil., liv. IV., sect. VII.
(2) V. Préambules de l'édit de 1629.
(3) De Salverte, t. XVI, p. 413.

de la main-morte. La science de l'économie politique n'était guère avancée en 1749. Il faut voir plutôt dans cet édit étudié historiquement l'application du principe qui nous a dirigé dans cette étude du droit ancien, à savoir qu'au fond de chaque législation, se retrouve profondément tracée l'idée dominante de l'époque. La liberté des personnes morales de vivre et surtout d'acquérir, était inconciliable avec le pouvoir absolu. Voilà pourquoi nous les voyons passer du régime de la liberté au régime des prohibitions et de l'arbitraire.

DROIT FRANÇAIS

PREMIÈRE PARTIE

Principes généraux sur les personnes morales reconnues dans notre droit

I. Développement de la personnalité juridique au XIXme siècle. — II. Son utilité.

A la fin du siècle dernier, disparaissaient dans l'orage de la Révolution toutes les personnes morales de l'ancien régime communément appelées gens de main-morte. La proscription était générale et absolue. Elle frappait tous établissements ecclésiastiques, Congrégations religieuses, institutions de bienfaisance, universités. Elle atteignait même les corporations régulières et séculières que la convention déclarait « avoir bien mérité de la patrie. » Quant aux biens de ces diverses personnes morales, ils étaient mis à la disposition de la nation et vendus, on le sait, comme biens nationaux, de sorte que deux mots caractérisent cette période: proscription d'abord, confiscation ensuite.

Mais les grandes commotions durent peu. La Convention disparaît bientôt dans le sang. Un pouvoir réparateur lui succède. Et alors commence une nouvelle période, celle que nous voyons se dérouler sous nos yeux et qui nous montre:

D'une part l'État, le département, la commune affirmant chaque jour davantage leur personnalité juridique;

D'autre part les gens de main-morte, se reconstituant d'abord sous le nom d'établissements publics et d'utilité publique avec la garantie de l'intervention de l'État, et une fois cette reconstitution opérée, développant eux aussi dans de sages limites la personnalité qui leur convient comme organes des grands intérêts moraux et matériels dont la satisfaction s'impose à toute législation bien ordonnée.

Telle est la physionomie générale de notre époque. Elle ressort d'un coup d'œil rapide jeté sur les principaux textes législatifs rendus jusqu'à ce jour. Nous avons cru devoir l'indiquer, pour suivre notre méthode, qui est de donner un aperçu général en droit français comme en droit romain, avant d'aborder la matière capitale des dons et legs.

L'État d'abord, cette vaste personne morale, qui les comprend toutes, accuse sa puissante personnalité juridique sous toutes les formes. Cette personnalité est d'abord proclamée par les lois révolutionnaires qui augmentent son domaine de tous les biens confisqués, désormais bien nationaux. Elle l'est ensuite par le code civil opposant dans plusieurs articles les biens de l'État aux biens des particuliers, lui reconnaissant en outre des biens considérables, jusqu'alors plus ou moins discutés. Elle l'est en 1827 par le code forestier réglementant la propriété et la jouissance des bois et forêts appartenant au domaine privé de l'État. Elle s'affirme enfin de nos jours sous la forme des emprunts publics avec une puissance qui tient du prodige.

Autrefois en effet, le crédit de l'État était demeuré presque inconnu, parce que l'État ne présentait pas aux prêteurs cette garantie qui résulte de l'unité et de la personnalité. Il faut un gage à celui qui prête. On engageait aux Compagnies des finances des biens immobiliers. Aujourd'hui on s'adresse directement aux particuliers, et les millions s'accumulent, les millions se trouvent par enchantement, non-seulement parce que la France, économiquement, a des fonds inépuisables de richesse et de production, mais aussi parce que l'État en tant que personne morale, ayant à sa disposition comme un particulier des biens, des capitaux, des revenus considérables, apportant dans l'administration de ces biens de toute nature un ordre méthodique, une comptabilité parfaite, l'État dans ces conditions avec son puissant domaine, et sa forte unité, c'est-à-dire les deux caractères essentiels de toute personne morale, présente au crédit public une base immuable, une base indestructible.

Si de l'État nous passons au département et à la commune, nous voyons aussi leur personnalité juridique suivre un développement considérable. La commune d'abord voit son domaine se former en grande partie par la suppression du droit de triage de toutes les terres vaines et vagues, sur lesquelles les seigneurs ne peuvent, titres en mains, prouver leur propriété. Le département, nouvelle circonscription administrative, voit sa personnalité, jusqu'alors discutée, reconnue par le décret de 1811. Viennent ensuite les lois du 18 juillet 1837, de 1838, les décrets de 1852, les lois de 1866, du 24 juillet 1867, la loi du 10 août 1871 qui sont autant de monuments législatifs affirmant, développant la personnalité du département et de la commune. La plupart de ces lois en effet établissent la décentralisation administrative qui, déchargeant le pouvoir central d'une foule d'affaires d'intérêt départemental ou communal, laisse aux pouvoirs locaux une certaine liberté dans la gestion des intérêts qu'ils représentent. Or quels sont ces intérêts? Ce sont principalement ceux du domaine privé du département, du domaine privé de la commune, c'est-à-dire de ce domaine qui appartient à ces êtres fictifs, comme il appartiendrait à un particulier. C'est donc élargir le terrain de la personnalité juridique que de décréter la décentralisation. La loi du 10 août 1871 qui porte surtout ce caractère dans l intérêt départemental semble appeler au profit de la commune dans un temps prochain une modification administrative dans le même sens.

A côté de l'État représentant les intérêts généraux, du département et de la commune représentant les intérêts locaux, nous trouvons ces nombreuses personnes morales chargées dans une société de représenter les grands services publics de la bienfaisance, de l'enseignement, du culte, pour ne citer que les plus importants. Il ne faut pas en effet que l'État seul ait à sa charge ces différents services. L'histoire est là qui le prouve. La Convention voulut décréter la charité nationale et faire de tout indigent un créancier de l'État. Qu'arriva-t-il? C'est que les ressources de la charité furent subordonnées aux mouvements du Trésor, que la source des libéralités charitables fut tarie, et qu'en définitive la créance du malheureux contre l'État devint illusoire. Ce qui est vrai d'un service public est vrai des autres. Il ne faut pas que les services publics, demandant à l'État seul et à chaque instant l'impulsion pour s'administrer et les ressources pour se soutenir, puissent, à un moment donné, compromettre la fortune nationale. Il leur faut, comme organes, des personnes morales pouvant acquérir pour eux, des établissements qui ayant en cette qualité la permanence et la perpétuité, comme les intérêts qu'ils représentent, soient en quelque sorte un stimulant offert à la générosité des particuliers et des fondateurs. Telles étaient les gens de main-morte sous l'ancien régime ; tels sont aujourd'hui les établissements publics et d'utilité publique constituant chacun d'eux une personne morale, et présentant les caractères que nous avons vus en traitant des fondations en droit romain. Il en résulte donc qu'ici encore nous voyons la personnalité juridique s'affirmant, bien qu'elle ait une marche moins accentuée, parce qu'elle rappelle la main-morte de l'ancien régime.

Parcourons en effet les trois grands services que nous avons nommés. Dans la sphère de la bienfaisance publique, nous voyons la loi du 16 vendémiaire an V rendant aux hospices leur personnalité, l'art. 910 du code civil les mentionnant expressément. Nous voyons les décrets du 25 mars 1852, du 13 août 1861, les lois du 24 juillet 1867, du 21 mai 1872 développant cette personnalité en donnant au préfet le pouvoir d'autoriser la création de certains établissements de bienfaisance, là où jusqu'alors était nécessaire l'autorisation du pouvoir central.

Dans la sphère de l'enseignement, nous voyons le décret de 1808, établissant l'université, vaste personne morale, absorbant tous les établissements d'instruction, collèges, lycées et facultés. En 1850, la personnalité juridique du corps enseignant se fractionne en quelque sorte, et chaque établissement devient une personne morale distincte, ayant son domaine propre (1). Enfin les lois du 15 mars 1850,

(1) Art. loi de finances 7 août 1850.

sur la liberté de l'enseignement secondaire et du 12 juillet 1875 sur la liberté de l'enseignement supérieur contribuent puissamment au développement de la personnalité juridique, en provoquant la création d'écoles et d'établissements libres d'instruction, dont la plupart ont tenu à puiser dans la reconnaissance d'utilité publique, les bénéfices de la qualité de personnes morales attachés à cette reconnaissance.

Enfin dans la sphère du culte, le Concordat nous montre les établissements ecclésiastiques renaissant en quelque sorte de leurs cendres. Le décret du 3 messidor an VII garantit l'existence de toutes les congrégations religieuses qui ont obtenu l'autorisation du gouvernement. La loi du 2 janvier 1817 affirme la personnalité juridique des uns et des autres. La loi du 24 mai 1825 a également pour conséquence le développement de la personnalité juridique en faveur des communautés de femmes. Enfin le décret loi du 31 janvier 1852 facilite à certaines congrégation les moyens d'obtenir leur reconnaissance et par suite d'augmenter le nombre des personnes morales de cette catégorie.

Nous pourrions enfin parler de la personnalité morale dans la sphère du commerce et de l'industrie, atteignant, depuis les lois libérales de 1863 et de 1867 sur les sociétés commerciales, un développement prodigieux, mais ce serait nous écarter de notre sujet, restreint aux personnes morales publiques, les seules qui reçoivent des dons et legs et que j'appelle publiques, parce qu'elles touchent plus ou moins à l'organisation intérieure du pays. J'arrête donc ici cet exposé général, et je me demande sans retard quelles sont les causes de ce développement que nous constatons.

II. La raison en est simple. Elle est dans l'utilité même de la personnalité morale, utilité dont nous avons dit un mot pour les établissements publics et qui a fait admettre cette fiction dans tous les temps. Qu'est-ce qu'une personne morale ? C'est un être fictif, avons-nous dit, en droit romain, capable de devenir le sujet de droits et d'obligations relatifs aux biens (1). Cette définition est la même chez nous. Sans doute nos textes ne disent pas : « Tel établissement est une personne morale. En conséquence il peut acquérir. » Mais la liaison de ces deux idées, elle se trouve dans certains documents, comme par exemple un avis du 13 mai 1871, du Conseil d'État, disant que « les diocèses constituent des personnes civiles capables de posséder, d'acquérir et de recevoir ». Ces derniers termes sont topiques. Là où il y a personne morale, il y a capacité d'être propriétaire. Les deux choses se tiennent. D'autre part l'être fictif étant indépendant des éléments sur lesquels il repose, il y a indépendance non moins absolue de son patrimoine. *Universitas distat a singulis*, avons-nous expliqué en droit romain.

Même principe ici, mêmes conséquences, dirons-nous sans y insister.

(1) Définition prise dans *Aubry. et Rau*, t. VII.

Et alors ne voit-on pas l'utilité de cette fiction juridique dans le fonctionnement d'une société ? Elle présente deux garanties indispensables, l'*unité* et la *permanence*.

L'unité d'abord qui se substitue à la multiplicité des éléments servant de base à la personne morale. Dans l'administration d'un domaine comme celui de l'État, du département, de la commune, d'un établissement public, il faut l'unité de vues, l'unité de direction : il faut une pensée dominant les intérêts de chacun et conciliant à la fois dans ses combinaisons le passé, le présent, et l'avenir, parce que toute personne morale représente un intérêt général et que l'intérêt général n'est pas d'une époque, mais embrasse plusieurs siècles. L'être fictif ayant une individualité propre que n'atteint pas celle des membres composant l'association, ou profitant de la fondation, réalise cette harmonie dans l'unité. Il faut à l'être fictif, incapable d'agir par lui-même, un représentant. Ce représentant qui reçoit son autorité du suffrage de tous, ou de l'autorité supérieure, puisant dans cette consécration le prestige et la capacité nécessaires, centralise tous les droits, réunit tous les pouvoirs, qu'il serait impossible de confier à la collectivité des membres présens. Qui ne sait que l'unité de gestion et de gouvernement est la condition de succès pour les grandes entreprises d'intérêt général.

La personnalité assure encore la permanence et la stabilité. Toute personne morale en effet représente une idée. C'est une pensée de bien-être, une pensée de charité prenant corps sans doute, mais n'ayant avec les éléments matériels qui lui servent de base que le lien indispensable pour qu'elle puisse revêtir la forme d'une institution. Cette nature abstraite la protège contre la mort naturelle, la soustrait aux accidents inséparables de la vie humaine. Dans cette stabilité, le fondateur trouve un encouragement ; il sait que son œuvre sera respectée, se développera, passera aux générations futures, transmettant à la fois les bénéfices quotidiens d'une œuvre utilitaire et le nom du bienfaiteur lui-même. Delà une source féconde de libéralités s'adressant aux grands services publics et diminuant d'autant le fardeau de l'État. Et du reste il y aura toujours dans une société des pauvres, des ignorants, des hommes croyant en Dieu. Il faudra donc toujours un service de la bienfaisance, un service de l'enseignement, un service du culte. Conclusion : les organes de ces services doivent avoir la permanence, comme les besoins qu'ils représentent.

Ces grands avantages expliquent l'utilité, la nécessité de certaines personnes morales dans une société. Notre siècle éminemment pratique l'a compris, et voilà pourquoi, malgré l'esprit de défiance transmis par la Révolution contre les gens de main-morte, il les a relevés d'abord, multipliés ensuite, au point qu'aujourd'hui il n'est point de petite commune qui, personne morale elle-même, ne renferme dans son sein plusieurs personnes morales sous forme d'établissements ecclésiastiques ou charitables.

Mais ces avantages mêmes recèlent un danger pour l'unité de

l'État, et c'est précisément leur importance qui a fait établir le grand principe de l'intervention de l'État dans la vie d'une personne morale, principe que nous expliquerons avec l'article 910. Sachons seulement que toute création d'une nouvelle personne morale est subordonnée à l'autorisation du pouvoir supérieur (1), comme aussi lui appartient la suppression de tel établissement dont l'existence lui paraîtrait contraire à l'ordre public. La permanence dont nous parlions plus haut est donc de la nature d'une personne morale : elle n'est pas de son essence. Lorsqu'elle disparait, on se demande à qui reviennent ses biens. L'art 713 indique le principe : « Les biens sans maître appartiennent à l'État. » Mais cette règle, qui dans des temps troublés rend un gouvernement à la fois juge et partie, est tellement exorbitante que plusieurs dérogations que nous verrons y ont été apportées par les lois de 1825 et de 1875, sur les congrégations autorisées et les universités libres.

(1) Décret du 21 août 1872. art. 5. n° 3 et 4.

DEUXIÈME PARTIE

Des dons et legs

PREMIÈRE SECTION

Principes communs à toutes les personnes morales instituées donataires ou légataires

SOMMAIRE

I. Grand principe de l'intervention administrative. — Parallèle entre le droit romain, l'ancien droit et le droit moderne.

II. Motifs de cette intervention ordinairement invoqués. — Le vrai motif, c'est l'intérêt de l'État. — Considérations d'ordre public et d'économie politique.

III. L'autorité peut prendre plusieurs partis. — Formalités qui précèdent sa décision. — De l'acceptation provisoire.

IV. De l'autorisation d'accepter. — De ses caractères. — Ses effets.

V. Du refus et de l'intervention d'office.

VI. De la réduction. — Est-elle légale ? — Ses effets.

VII. Moyens employés pour violer l'article 910. — Dons manuels. — Libéralités déguisées.

VIII. Des conditions illicites accompagnant la libéralité aux personnes morales.

IX. Des dons et legs aux établissements non reconnus. — Principe de la nullité. — La jurisprudence a corrigé le principe.

X. Libéralités faites à une personne morale pour un service public en dehors de ses attributions.

CHAPITRE PREMIER

I. Grand principe de l'intervention administrative. — II. Parallèle entre le droit romain, l'ancien droit et le droit moderne ; les art. 910 et 937 sont généraux et absolus.

Un grand principe domine cette matière, le principe de l'intervention de l'État se manifestant dans la vie des personnes morales toutes les fois qu'elles sont appelées à recueillir une libéralité entre vifs ou par testament. Expression de la pensée d'un de nos plus grands jurisconsultes, le chancelier d'Aguesseau, religieusement conservé par la tradition, inscrit dans notre Code, appliqué par les régimes successifs qui nous ont gouvernés, ce principe touche à des considérations économiques de la plus haute importance et se rattache, dans son application, à des questions brûlantes d'actualité. Le voici tel qu'il est présenté par l'article 910 :

« *Les dispositions entre vifs ou par testament au profit des hospices, des pauvres d'une commune, des établissements d'utilité publique, n'auront leur effet qu'autant qu'elles seront autorisés par un décret impérial.* »

Quels motifs justifient cette règle fondamentale, nous le verrons bientôt. Mais, en attendant, soyons méthodiques et, reliant les principes généraux à cette partie de notre thèse, rappelons-nous que cette intervention, nous la voyons dans la création des personnes civiles et que, la retrouvant ici, il en résulte cette conséquence que l'État tient entre ses mains la vie et la mort des personnes morales : la vie, puisque sans lui elles ne peuvent proclamer leur droit à l'existence; la mort, puisqu'en supposant leur existence reconnue, comme la plupart d'entre elles et les plus dignes d'intérêt ne vivent guères que d'aumônes, de dons ou de legs, il suffit d'un refus de l'État d'autoriser cette aumône, ce don, ou ce legs pour les condamner tôt ou tard à disparaître, sans avoir besoin de recourir à la mesure brutale de la suppression.

II. Le droit romain n'est pas allé aussi loin que le droit français. Il ne s'est attaché qu'à la première partie du principe concernant la création. Il a dit : L'État seul peut dispenser la capacité juridique. L'État seul a le pouvoir créateur. Mais là se borne son rôle. Une fois reconnue, la personne civile se gouverne librement, elle n'a que faire de l'autorité pour recueillir une libéralité. Autorisation pour naître, indépendance pour vivre, voilà la règle du droit romain.

Chez nous, au contraire, l'intervention de l'État est permanente. Le pouvoir créateur, une fois que la personne civile est reconnue, devient le pouvoir tutélaire, le pouvoir appréciateur. Chaque libéralité demeure subordonnée à une condition suspensive, l'autorisation. Autorisation pour naître, autorisation pour recevoir, en un mot, toujours ou presque toujours autorisation, voilà la règle du droit français.

Le droit romain fut donc plus libéral que le droit français. Il est vrai qu'au point de vue de la capacité même d'acquérir à titre gratuit, il lui fut bien inférieur. On se rappelle la marche lente et mesurée de la législation romaine dans la concession de cette capacité. Chez nous, point de difficulté à cet égard. L'article 902 est précis. Aucun texte ne déclare les personnes morales incapables, et leur nature idéale n'a plus rien d'embarrassant, grâce à la transformation qu'a subie la théorie de la représentation. Les personnes morales ont donc la capacité de droit. Elles n'ont pas, au contraire, la capacité de fait. Elle ne l'ont pas, puisque cette capacité suppose le libre exercice d'un droit et qu'ici l'exercice de ce droit est subordonné au contrôle de l'autorité. Elles ne l'ont pas à un autre point de vue. Elles sont dans la situation du mineur et de l'interdit, incapables de gérer elles-mêmes leurs propres affaires, mais comme eux pourvues d'un représentant chargé d'exercer à leur place les droits dont elles ont la jouissance, mais non pas l'exercice. C'est ce que dit très-bien l'art. 937.

« *Les donations faites au profit d'hospices, des pauvres d'une commune ou d'établissements d'utilité publique, seront acceptées par les administrateurs de ces communes ou établissements, après y avoir été dûment autorisés.* »

Tels sont les principes généraux qui gouvernent la matière des dons et legs. Il n'y a pas d'autres articles dans le Code que les art. 910 et 937.

On pourrait dire : « Ces articles font une énumération. Ils ne sont donc pas communs à toutes les personnes morales. Non : l'énumération n'est pas limitative : elle s'explique historiquement et elle se complète par des textes en dehors du Code. Si les départements ne sont pas cités, c'est que leur personnalité n'était pas encore bien établie. Si les établissements ecclésiastiques, les congrégations religieuses sont passés sous silence, c'est que les rédacteurs du Code, conciliant le passé et le présent, n'ont pas voulu prononcer un mot qui rappelât cette suite innombrable de gens de main-morte anéantie par la Révolution. Du reste, l'intitulé de l'ordonnance du 2 avril 1817, comble cette lacune. Et il est facile de faire rentrer, parmi les établissements d'utilité publique cités au Code à peu près toutes les personnes morales, puisque leur reconnaissance accuse précisément de leur part une certaine somme d'utilité publique.

Généraux quant aux personnes, les art. 910 et 937 le sont encore au point de vue de la nature de la libéralité, qui peut être mobilière ou immobilière. Il n'en était pas ainsi autrefois, de sorte que, si le droit moderne diffère du droit romain, il diffère aussi du droit ancien. Rappelons-nous, en effet, que l'art 17 de l'édit de 1749 défendait de donner fonds de terre, maisons, rentes foncières par testament. On avait voulu atteindre surtout la fortune immobilière et empêcher les captations au chevet des mourants. Chez nous, les personnes morales peuvent recevoir des legs d'immeubles et aussi bien par testament que par donation. L'objet de la libéralité, le mode de transmission n'influe en rien sur la capacité. Obtenir de qui de droit l'autorisation d'accepter, c'est la seule condition exigée des personnes morales.

CHAPITRE II

I. Motifs de cette intervention ordinairement invoqués. — II. Le vrai motif c'est l'intérêt de l'État ; puissantes considérations d'ordre public et d'économie politique ; opinion de M. le Play.

I. Pourquoi cette intervention ? On a invoqué quatre motifs, savoir : l'intérêt du disposant, l'intérêt des familles, l'intérêt des personnes morales elles-mêmes, l'intérêt de l'État. Passons-les successivement en revue, et voyons s'ils justifient cette règle exorbitante du droit commun.

L'intérêt du disposant d'abord. Il faut protéger l'homme, a-t on dit, contre les entraînements passagers, l'obsession des tiers intéressés, les faiblesses d'une volonté défaillante aux approches de la mort. Que n'a-t-on pas dit, par exemple, sur les captations de legs pieux, sur l'habileté et le savoir-faire des congrégations religieuses promettant les récompenses éternelles en retour d'un acte généreux de la part de celui qui va mourir ? Eh bien ! je ne crois pas que ce motif soit très-sérieux pour justifier notre principe. Il ne faut pas s'exagérer les influences qui peuvent entraîner un homme à se dépouiller pour les autres. L'homme ne se dépouille pas facilement. Le désir de s'immortaliser par un bienfait public n'est malheureusement que trop rare dans notre siècle. C'est une pensée à laquelle les exigences de la vie pratique feront un contre-poids suffisant. Sans doute, si la disposition est par testament, elle ne dépouille que les héritiers. Mais faut-il compter pour rien les devoirs de famille, l'affection d'un homme pour les siens. Et si la volonté faiblit au moment de la mort, cela ne vise que les legs, et la règle est commune aux donations entre vifs. Le législateur, du reste, a prévu le mal et y a remédié. La faculté de donner est réglée d'une manière rigoureuse qui donne à la volonté et à la raison du disposant des garanties salutaires. N'est-il pas de principe que les libéralités ne se présument pas ? L'art. 909 ne suffit-il pas contre certaines captations possibles ? Invoquer ici l'intérêt du disposant, c'est faire le procès au législateur.

Je passe au second motif, l'intérêt des familles. C'est un intérêt sacré, dit-on, qui a servi de base à la réserve légale. Or, les art. 913 et 917 n'ont prévu que les cas les plus ordinaires, et nous sommes ici en présence d'influences étrangères autrement redoutables que celle d'un particulier. On trouve ce motif dans les travaux préparatoires. Je ne crois pas cependant qu'il donne la véritable pensée du législateur. Le fondement même de la réserve que l'on invoque à l'appui accuse la faiblesse de l'argument. On est obligé de dire qu'elle ne suffit pas. Or c'est contraire au principe d'après lequel la capacité de recevoir est la règle, l'incapacité, l'exception. La réserve instituée, toute libéralité qui y porte atteinte est nulle ou réductible, mais toute disposition qui la respecte est inviolable, faite à une personne qui n'est pas déclarée incapable. Que les héritiers invoquent la captation, si captation il y a, qu'ils prétendent même que le testateur n'a pas été sain d'esprit L'art. 901 leur donne une arme suffisante, si la réduction ne leur suffit pas. Mais que pour des actes réguliers au fond et dans la forme, qui seraient valables sans contestation, s'ils enrichissaient des personnes réelles, le législateur ait prévu les doléances, les plaintes, les accusations des familles, qu'il en ait fait juge, non pas les tribunaux, mais l'administration, je ne puis croire que cette pensée ait dominé dans l'esprit des rédacteurs du Code. Je reconnais que cette circonstance, qu'il y a ou non réclamation des parents, a été prise en considération dans certaines lois administratives, mais cela s'explique plus tôt par l'esprit de décentralisation qui est au fond de ces lois. Sans doute, si jamais la réserve était abolie, la liberté de tester proclamée, la considération tirée de l'intérêt des familles aurait une grande portée. Mais en attendant, le droit commun suffit pour protéger cet intérêt.

Le troisième motif, l'intérêt de la personne morale elle-même, est-il meilleur? C'est l'argument des anciens légistes. L'État doit avoir, dit-on, sur les établissements publics, mineurs perpétuels, un droit de tutelle. Les personnes morales donataires ou légataires peuvent demeurer chargées de certaines obligations, condition de la libéralité. Il faut empêcher les incapables de se ruiner, et pour cela, faire intervenir un pouvoir tutélaire dans les actes d'acquisition ou d'obligation. Ainsi le fait l'art. 463-1, pour le mineur. C'est là une idée très-juste en théorie : on en trouve l'expression dans des textes récents, qui, en introduisant une exception à la règle de l'autorisation par décret, l'ont retenue formellement pour les dons et legs avec charges. (*V. les lois du 18 juillet 1837 — 24 juillet 1867*). Mais à vrai dire, elle s'applique surtout aux personnes morales dont l'intérêt s'identifie presque avec celui de l'État, comme les départements et les communes. Mais il est difficile de l'admettre pour les autres, qui n'ont pas avec l'État une même solidarité d'intérêts. Bigot Préameneu dans son exposé de l'art. 910 n'en parle point et il serait curieux que notre législateur qui n'aime pas la main-morte ait voulu à tout prix empêcher les personnes morales de se ruiner. Non : il faut chercher dans les préoccupations d'un autre ordre le but réel de cette grave restriction à la liberté de disposer.

II. L'intérêt même de l'État, tel est le vrai motif qui a inspiré le législateur. Apporter une entrave à l'extension des biens de main-morte, voilà son but. Soumettre toute libéralité à un contrôle incessant du gouvernement, voilà son moyen (1). Voyons donc en quoi l'État se trouve menacé par de semblables libéralités.

(1) V. Locré t. XII. 15, 18.

Je ne parlerai pas de son intérêt fiscal : il est sauvegardé depuis les loi du 20 février 1849 et du 30 mars 1872 sur la taxe des biens de main-morte (1) ; mais je m'attacherai à deux considérations, la première d'ordre public, la seconde d'économie politique.

(a). Un grand principe se dégage de toutes nos lois, le principe de l'égalité, le nouvel ordre social repose sur cette base, l'égalité. Nous avons pu avoir, au point de vue des droits politiques, des constitutions plus libérales les unes que les autres : il peut y avoir à côté de nous des pays où la liberté est plus largement appliquée. Mais aucune de nos constitutions n'a touché au principe de l'égalité proclamé par la Révolution, et aucun pays n'est gouverné par des lois qui portent autant que les nôtres ce caractère distinctif. Sur cette base repose tout notre système des successions. En abolissant toute distinction sur l'origine et la nature des biens, tout privilège de primogéniture, toute distinction entre meubles et immeubles, en mobilisant ainsi la propriété foncière, le législateur a voulu faire une répartition du sol moins inégale qu'autrefois. La prohibition des substitutions, l'abolition des majorats (7 mars 1849), a consacré de nouveau le principe d'égalité dans le partage des biens.

Ceci posé, ne devine-t-on pas combien le caractère de notre législation serait blessé par une trop grande accumulation de biens entre les mains des personnes morales. Elles ne meurent pas, se renouvellent sans cesse. Chaque nouveau membre apporte sa quote-part, chaque génération son contingent de biens. Enlevez tout contrôle en matière de libéralités, et, dans moins d'un siècle, les gens de main-morte redeviendront aussi riches, aussi puissants qu'autrefois. Or, cela serait contraire à tous nos principes. A tort ou à raison, le législateur a voulu le morcellement des héritages. Il s'est montré favorable à la petite propriété : il n'a pas caché son hostilité pour la grande. Nous n'apprécions pas, nous constatons le fait, nous le prenons pour l'adapter avec une entière impartialité à notre sujet. Le législateur a tout fait pour s'opposer à la reconstitution des grands patrimoines. On peut dire qu'il a réussi. Depuis quatre-vingts ans, l'application a eu le temps de se produire dans toutes les classes, aussi bien chez le bourgeois que chez le noble. Le sol a été réparti en un très-grand nombre de mains. M. Rossi (2) calculait que la France possédait 40 à 42 millions d'hectares de terres productives divisés entre quatre millions de familles ou de propriétaires, ce qui donnait en moyenne un peu plus de 8 hectares pour chacun d'eux. Or, il y a déjà loin du temps où Rossi faisait ce calcul. Le morcellement des héritages est aujourd'hui bien plus considérable. Si donc l'accumulation des biens au profit des gens de main-morte est contraire au principe de notre législation, elle n'est pas moins in-

(1) 0, 70 c. par franc du principal de l'impôt foncier, plus les deux décimes.
(2) Rossi, *Cours d'écon. politiq.*, t. II, 3e leçon.

compatible avec les résultats acquis. Les idées de morcellement sont devenues une réalité : elles sont entrées profondément dans les mœurs.

Dans ces conditions, faut-il conserver l'article 910 ? Je parle comme si on avait proposé de l'abroger. La proposition n'a pas été faite, il n'y a pas danger qu'elle le soit. Mais des jurisconsultes se sont demandé s'il ne vaudrait pas mieux revenir au système du droit romain qui se contentait de l'intervention de l'État dans la création d'un établissement, et lui laissait ensuite pleine indépendance pour acquérir. Ce système peut être bon en théorie, mais présenterait, dans la pratique, de sérieux inconvénients. Ce n'est pas que je redoute pour l'État lui-même (argument souvent invoqué) un bien grand danger de voir s'élever dans son sein de puissantes personnalités. Non, avec la centralisation qui existe aujourd'hui, avec les pouvoirs fortement constitués que nous avons, l'État sera toujours le plus fort. N'a-t-il pas, du reste, le droit de supprimer une personne ? Non, ce n'est pas à ce point de vue que je défends l'art. 910. C'est au point de vue de l'ordre public qui serait menacé, et avec lui l'État, non point directement par la puissance même d'établissements pouvant s'enrichir à leur aise, mais indirectement par les effets d'une contradiction choquante entre les mœurs, les idées, les principes actuellement en vigueur et l'accumulation des biens chez les gens de main-morte. Le maintien de l'ordre public est intimement lié chez un peuple au respect des idées, des principes qui le gouvernent. Il ne faut pas que la propriété collective prenne un trop grand développement. Ce serait réveiller les méfiances et les haines, à l'encontre surtout des personnes morales qui touchent au culte. Et pour mieux exprimer ma pensée, je dirai que l'intérêt même des établissements et des corporations reconnus leur commande de s'attacher au principe de l'autorisation administrative. Cela n'est point paradoxal. Car cette autorisation permet non-seulement de concilier, comme nous le verrons, des intérêts très-respectables, elle permet aussi à ces êtres fictifs de s'abriter derrière un pouvoir protecteur. L'autorisation de l'État est une sorte de blanc-seing qui leur est donné et les protège contre les rancunes des tiers intéressés. Vis-à-vis du public lui-même, chaque autorisation d'accepter une libéralité est comme une nouvelle consécration de leur existence. Et cette consécration est nécessaire, précisément parce que la propriété collective peut exciter les méfiances de l'opinion publique. M. Gide dit très-bien (1) « qu'un gouvernement obéré peut dans un moment de crise être tenté d'y porter la main. » L'intervention de l'État autorisant les libéralités, prenant ainsi sous sa protection la fortune des personnes morales, assure leur existence même contre les éventualités de l'avenir et ses propres entraînements.

L'art. 910 est donc en harmonie avec l'esprit général de notre lé-

(1) *Du droit d'association en matière religieuse*, p. 295.

gislation, — il est en rapport avec les faits acquis — il est la garantie de l'existence même des établissements qu'on pourrait croire les plus intéressés à son abrogation.

(b). J'arrive à une autre considération non moins importante. Elle est tirée de la science économique, et s'applique spécialement à la propriété foncière. Les économistes enseignent que, si la terre est un agent de production, elle n'acquiert toute sa force, toute sa puissance productive, que par l'action combinée du travail et du capital. Or, ces deux éléments se rencontrent dans la propriété individuelle appliqués avec une plus large mesure que dans la propriété collective. L'homme travaille volontiers pour lui et pour les siens; il est heureux de les voir jouir, de jouir lui-même du fruit de son labeur. Il ne travaille pas volontiers pour des confrères, pour des maîtres, pour des associés (2).

Prenons une personne morale fondée sur l'association. Les membres qui la composent ne sont pas propriétaires des immeubles qui appartiennent à l'être fictif. Que leur importent dès lors les améliorations dont ils auraient la charge sans avoir le profit ? N'est-ce pas la génération à venir qui récoltera ce qu'ils auront semé ? Les membres actuels sont des usufruitiers. En cette qualité, ils chercheront à retirer du présent le plus possible, demandant à la terre au-delà de ses forces, ne lui donnant en retour ni travail ni capitaux pour pour lui conserver sa fertilité.

Si la personne civile est une fondation, c'est-à-dire un être fictif pouvant se comprendre sans personnes réelles, c'est un tiers, un représentant qui est chargé de les faire valoir. Apportera-t-il dans la question les soins attentifs qu'il donne à ses propres affaires? Voyez les biens des communes, ils sont dans un triste état? Le budget municipal serait bien pauvre s'il n'avait que les produits des biens de la commune. Le déboisement des montagnes n'est-il pas le fait des conseils municipaux voulant se créer des ressources? Quant aux biens des hospices (3), M. de Waterville a calculé qu'ils ne rendent que le 2 pour 100. Or le rendement moyen de la terre est le 3 pour 100. Enfin, règle générale, les domaines des grands établissements sont toujours affermés, et d'après les économistes (4), l'exploitation par le propriétaire lui-même est considérée rée comme la plus favorable au progrès agricole.

Si le travail est un des agents producteurs de la terre, le capital ne l'est pas moins, en ce sens qu'il faut des avances, des fonds sans cesse renouvelés pour assurer la marche d'une bonne exploitation. Or, toutes les fois qu'un immeuble change de mains, il trouve,

(1) V. M. Ch. Comte, VI, ch. 9, *De la propriété*. — H. Passy, *De l'inégalité des richesses*, p. 38-39.

(2) V. M. Thiers, *Du droit de prop.*

(3) Cité par de Salverte, *Rev. critiq.*, t. VII, p. 430.

(4) J.-B. Say, *Cours complet d'économie polit.* — De Sismondy, *Nouveaux princip. d'écon. polit.*

comme pour le féconder à nouveau, un capital tout préparé : l'acheteur fera des plantations, des réparations, des expériences, que sais-je ? En un mot, il en résultera une plus-value, et avec une plus-value pour l'immeuble considéré isolément, une augmentation de richesse générale au point de vue économique. Mais voici précisément que la propriété de main-morte, si elle n'est pas inaliénable, est rarement aliénée, et le mot de Henrys est toujours vrai : « Les héritages sont morts entre leurs mains, en ce qu'ils n'en sortent plus (1). »

On pourrait ici faire une objection et dire que, pour favoriser la production, il faut quelquefois de grands travaux, l'application de machines à la culture du sol, l'engrais des bestiaux, etc., toutes choses qui exigent de grandes avances et ne peuvent se réaliser que dans les propriétés d'une certaine étendue. A ce point de vue, j'en conviens, et l'Amérique nous le prouve tous les jours, la grande propriété serait plus favorable que la petite.

Mais il y a un moyen pour donner à la petite propriété les avantages de la grande culture. Ce moyen, c'est l'association des petits propriétaires, qui décuplera leurs forces individuelles tout en laissant à chacun la jouissance personnelle de sa part du travail commun. La loi du 21 juin 1865 sur les associations syndicales peut servir de type sous ce rapport, et un syndicat constituant une personne morale, nous verrions les inconvénients de la personnalité juridique corrigés par la personnalité juridique elle-même.

Nous pouvons donc conclure que l'art. 910, contenant la propriété de main-morte dans de sages limites, empêche la diminution des forces productives du sol; et qu'il ne pouvait y avoir de meilleure garantie que celle de l'intervention de l'État, puisqu'il a pour mission d'assurer le développement le plus large de la prospérité publique. Aussi, les publicistes partisans de la liberté de tester ont-ils reconnu l'effet salutaire de ce principe. Je suis heureux de pouvoir citer M. Le Play : « Partout, dit-il, l'État soumet à son contrôle les dons et legs destinés aux corporations perpétuelles : il refuse son autorisation, quand le legs viole une coutume respectable, et il réprime l'abus lorsque la corporation ne répond plus à l'esprit de son institution (2). » Ces paroles d'un homme qui n'est pas suspect se passent de commentaires. Nous n'avons rien à y ajouter, sinon que le principe de l'art. 910 doit avoir une importance bien capitale pour avoir mérité l'approbation d'un des publicistes les moins favorables au Code civil. Cette approbation fait honneur à la bonne foi de l'éminent écrivain autant qu'à la sagesse des rédacteurs du Code.

(1) Tom. II, 6, IX. question.
(2) L. Play, *Org. du travail*, p. 273. — *La réforme sociale*, t. I, p. 218.

CHAPITRE III

I. L'autorité a le choix entre trois partis; formalités qui précèdent sa décision. — II. De l'acceptation provisoire; son utilité. — III. Est-elle commune à toutes les personnes morales?

I. Le principe étant justifié, voyons son application. Le représentant de l'établissement gratifié va formuler une demande en autorisation. Que fera l'autorité administrative représentée suivant les cas par le chef de l'État ou le Préfet? Elle a le choix entre trois partis : autoriser l'acceptation, refuser l'autorisation, réduire la libéralité. Elle refuse rarement, elle autorise maintes fois, elle réduit le plus souvent sur la réclamation des familles et concilie de cette manière les divers intérêts en cause. Mais, pour qu'elle puisse se prononcer sûrement, de nombreuses formalités sont exigées. Voyons rapidement celles qui sont communes à tous les établissements. Je remarque :

1° La délibération du corps représentant la personne morale. A cet effet, l'ord. du 2 avril 1817, art. 5, prescrit à tout notaire de donner avis de la disposition à l'établissement, lors de l'ouverture du testament (1). Les délibérations sont transmises au Préfet qui statue s'il est compétent, sinon transmet au Conseil d'État, par l'intermédiaire du ministre, la demande avec pièces à l'appui. L'avis du Préfet doit toujours être donné, et l'approbation de l'évêque diocésain est exigée toutes les fois que le legs est fait à charge de services religieux. (Ord. de 1817, art. 2).

2° La notification de l'ensemble des dispositions faite par le notaire au Préfet du département où sont situés les établissements. (Décret du 30 janvier 1863). Cette formalité indique au Préfet, s'il n'y a pas de libéralités connexes. C'est chose essentielle ; car, si parmi les dispositions, les unes doivent être approuvées par le chef de l'État, les autres par le Préfet, il est de jurisprudence que la donation ou le testament tout entiers soient approuvés par le chef de l'État (2). Il faut donc que l'ensemble et non pas un extrait plus ou moins complet des dispositions passe sous les yeux du Préfet.

3° La notification de la libéralité aux héritiers naturels et leur mise en demeure par le Préfet d'avoir à consentir ou à s'opposer à l'exécution de la libéralité. (Ord., 14 janv. 1831, art. 3). Ce texte ne parle que des établissement religieux, mais le décret du 25 mars 1852, donnant au Préfet pouvoir d'autoriser, lorsqu'il n'y a pas de réclamation des familles, il faut que toujours le Préfet soit édifié sur ce point, et par suite la règle a dû être généralisée (3). Cette

(1) V. aussi instruc. min., 4 mai 1833.

(2) Avis du C. d'État, 27 déc. 1855. Dufour, t. V, n° 353. — Avis. 10 mars 1868. D., 68. 3, 53.

(3) Circul. minist., 5 mai 1852, 3 août 1867.

mise en demeure est une formalité essentielle dont l'omission entraînerait la nullité de la décision intervenue (1), alors même que le testament aurait été porté à la connaissance du public, ou que le légataire universel aurait consenti, lui, à l'exécution du testament.

4° L'envoi au Préfet de nombreuses pièces, énumérées dans la circul. min. du 5 mai 1852. (V. aussi instruction générale du ministre des cultes du 10 avril 1862). Ce sont :

Pour les donations, l'acte notarié de la donation (et non une simple déclaration de donner sous signature privée), le budget et un état de la situation financière de l'établissement, l'estimation des objets donnés, le certificat de vie du donateur, des indications sur sa fortune.

Pour les legs : expédition du testament, acte de décès, rapport d'expert, le budget, etc., l'adhésion des héritiers ou leur opposition ou la preuve de leur mise en demeure, l'état des biens laissés, certificats du conservateur des hypothèques si l'immeuble légué est libre ou grevé).

II. Mais avant que le dossier soit complet, et que la décision intervienne, il va s'écouler un certain temps. Quelle sera, dans l'intervalle, la situation de l'établissement gratifié ? Il est dans la situation d'un créancier conditionnel, la condition suspensive étant que la disposition sera autorisée. Dès lors il peut faire des actes conservatoires (Art. 1180, ord. de 1817, art. 5) (2).

Parmi ces actes, il en est un sur lequel nous devons insister, je veux dire l'acceptation provisoire. En quoi consiste-t-elle ?

En ce que le représentant de la personne morale déclare accepter, avant même d'être autorisé. C'est là une modification aux principes rigoureux des art. 937, art. 1 de la loi, 2 janv. 1817, 2 avril 1817, qui subordonnent l'acceptation à l'autorisation. Cette modification s'imposait.

Pour les donations d'abord. Nous savons que la donation n'est parfaite que par l'acceptation du donataire (art. 932). Jusque-là, rien n'est définitif. Trois évènements peuvent faire tout crouler. C'est la mort du donateur, c'est la révocation par lui de la libéralité, c'est son incapacité de droit ou de fait survenant après l'offre qu'il aura faite. L'acceptation provisoire permet d'échapper à ces causes de caducité. Elle rend l'offre irrévocable. Lorsque l'autorisation est accordée, elle a un effet rétroactif au jour de l'acceptation provisoire, au jour auquel l'engagement a été contracté, dit l'art. 1179. L'engagement ici, c'est la donation elle-même se formant le jour de l'acceptation provisoire Peu importe que dans l'intervalle le donateur meure, se repente ou devienne incapable, par la fiction de la rétroactivité, le contrat aura été consommé avant ces évènements.

Dans les legs, l'utilité de l'acceptation provisoire n'est pas aussi

(1) C. d'État, 22 juin 1857, 1857, 3, 61. — 1er mars 1866, 67, 3. 3. — 1er août 1867, 63, 3, 81.
(2) Cass. 5 mai 1856, 57, 1, 37.

évidente. Car au décès sont définitifs les effets d'un legs (art 1014), et la demande en délivrance ne se prescrit que par trente ans. Donc, point de causes de caducité, comme pour les donations : mais au point de vue des fruits et intérêts de la chose léguée, on a assimilé à l'acceptation d'une donation la demande en délivrance et on a dit : De même que l'acceptation doit suivre l'autorisation, la demande en délivrance ne peut la précéder, et ne sera formée qu'au bout d'un certain temps. Et alors (1005 et 1014), les fruits et intérêts ne courront pas, s'il faut attendre l'autorisation. L'acceptation provisoire permet de la formuler immédiatement, partant de faire courir les intérêts et fruits au profit de l'établissement. La demande en délivrance est, du reste, une mesure conservatoire : elle conserve les fruits, et l'art. 5 de l'ord. de 1817 parle de mesures conservatoires sans distinguer entre les dons et legs (1). L'art. 48 de la loi de 1837, est conçu dans le même sens.

On a contesté cette opinion. On a dit : Jusqu'à l'autorisation, le droit est suspendu et incertain. Elle seule imprime au legs un caractère définitif et confère à l'héritier la possibilité de se libérer valablement. Or, sur quoi se fonde le droit aux intérêts et fruits à partir de la demande en délivrance ? Sur ce que l'héritier est mis en démeure par cette action en délivrance et que la mise en demeure fait courir les intérêts. Mais les héritiers ne peuvent être tenus de délivrer un legs dont la quotité et l'existence sont incertains. Ne pouvant exécuter la volonté du testateur, ils ne sauraient dès lors encourir les conséquences d'une mise en demeure (2).

Ces arguments ont de la force. Il est certain que pour qu'une demande en justice fasse courir des intérêts, il faut, premièrement, qu'elle soit recevable. Cependant il semble bien que le législateur en faisant remonter les effets de l'autorisation au jour de l'acceptation provisoire, en établissant celle-ci aussi bien pour les legs que pour les donations, a voulu qu'il en résultât un certain bénéfice pour l'établissement légataire. Ce bénéfice ne saurait être que celui des intérêts et fruits.

III Quoiqu'il en soit, l'utilité n'étant pas contestée pour les donations, il est intéressant de savoir si elle est commune à toutes les personnes civiles ? Point de doute pour le département (loi du 10 avril 1871, art. 53). Pour la commune (loi du 18 juillet 1837), pour les hospices (loi du 7 août 1851, art. 11). *Quid* des autres personnes morales, pour lesquelles il n'y a point de textes ? Faut-il généraliser ? La doctrine et la jurisprudence décident d'ordinaire que non. Le droit commun, disent-elles, c'est l'art. 937, l'art. 1, de la loi du 2 janv. 1817. On a fait brèche à ces principes en faveur des communes, départements et hospices. Les exceptions ne s'étendent pas, alors surtout qu'elles peuvent servir à frauder à la loi. En effet on passera l'acte sans souci de l'autorisation administrative, sauf à ré-

(1) Sic. Paris, 19 mars 1852, 52, 2, 223. Orléans, 8 jan. 1867, 67, 2, 6.
(2) Cassat. 13 nov. 1849, 49, 1, 297. — 21 mars 1852, 57, 1. 113.

clamer son intervention lorsque les transactions seront découvertes. Raison de plus pour ne pas étendre l'acceptation provisoire aux établissements religieux et autres qui n'en ont pas été dotés expressément.

Nous croyons au contraire que cette mesure peut être étendue. D'abord tous les auteurs désirent cette extension (1). Elle empêche de nombreux mécomptes, des frais souvent inutilement avancés, des suggestions de la part des intéressés pour entraîner une révocation. En outre, s'il est vrai que l'art 910, a été établi dans l'intérêt des établissements eux-mêmes, la tutelle doit protéger et non pas nuire. Or, elle est nuisible ici en subordonnant la validité de l'acceptation à l'existence d'une autorisation antérieure.

L'équité est donc pour notre système, le droit également.

En effet, règle générale, un établissement gratifié peut faire des actes conservatoires avant l'autorisation. Or, qu'est-ce qu'un acte conservatoire? On entend par là, dit un arrêt, « l'acte qui a principalement pour objet soit de maintenir l'existence d'un droi menacé par le fait d'une déchéance ou d'une prescription ; soit de prévenir la perte ou l'altération même du gage pouvant assurer l'utile exécution du droit (2). » L'acceptation provisoire s'adapte bien à cette définition. D'abord les textes lui en donnent le nom : « accepter à titre conservatoire. » Ici, la menace de déchéance c'est la mort, la révocation, l'incapacité du donateur survenant avant l'autorisation. En matière de legs, le droit est fixé : donc il n'est pas menacé. Aussi avons-nous vu son utilité contestée. Mais pour la donation, le caractère conservatoire de l'acceptation provisoire est évident. Donc, art. 1180.

On objecte la loi et l'ordonnance de 1817 combinées avec l'art. 937. Ce qu'exigent principalement ces textes, c'est l'autorisation venant consacrer la libéralité. Mais leur but n'a pas été de trancher la question de savoir si une acceptation provisoire peut précéder l'autorisation.

On parle de fraude, mais ce n'est pas favoriser la fraude à la loi, car la nécessité de l'autorisation subsiste. On attendra, dit la cour de Paris, que les transactions soient découvertes pour la demander. Mais alors on s'expose à ce que le pouvoir soit défavorable, l'autorisation refusée, la restitution des fruits ordonnée du jour de l'entrée en possession, parce qu'on n'aurait pas été possesseur de bonne foi. Les incertitudes du résultat sont de nature à prévenir la fraude.

Quand aux lois de 1837, 1851, 1871, elles sont spéciales à l'administration en général de la commune, des hospices, des départements ; mais elles n'ont pas eu pour objet d'établir seulement l'acceptation provisoire. Et alors ne peut on pas interpréter les articles

(1) Demante, t. IV, n° 26. — Demol, t. III, n° 201.
(2) Paris 1852, 2, 223.

qui l'établissent comme rentrant dans le droit commun et le consacrant aussi implicitement?

La jurisprudence semble vouloir généraliser. Elle a étendu aux bureaux de bienfaisance les articles 51 et 48 précités. « L'art. 48, dit un arrêt, a été un retour au droit commun; à proprement parler, il a fait cesser une inégalité au lieu d'établir un privilège.... ce n'est donc pas le cas d'en donner une interprétation étroite et rigoureuse (1). » Ces mots tracent bien la voie où il convient d'entrer. Les articles précités n'édictent pas l'acceptation provisoire sous forme d'exception. Au contraire, l'art. 5 de l'ordonnance de 1817, établit sans réserves le pouvoir de faire des actes conservatoires, et l'acceptation dont il s'agit a ce caractère. Entre deux textes, l'un restrictif, l'autre extensif, adoptons celui qui se rapproche du droit commun.

CHAPITRE IV

I. De l'autorisation d'accepter ; de ses caractères ; de la compétence administrative et de la compétence judiciaire ; limites respectives de chacune d'elles. — II. Quels effets produit l'autorisation ? pour les donations d'abord, pour les legs ensuite.

Après avoir délibéré, le pouvoir compétent prend le premier parti et autorise l'acceptation de la libéralité. Quels sont les caractères de cette autorisation ? Quels effets produit-elle ? Tels sont les deux ordres d'idées qui vont nous occuper.

I. L'autorisation est un acte purement administratif. On appelle ainsi les actes que l'administration fait dans un intérêt public et qu'elle ne peut faire que comme organe des intérêts généraux. Elle n'est pas seulement un acte de tutelle administrative, comme on dit souvent : elle est une mesure de police, une formalité qui vient s'ajouter aux autres formalités, les consacre, les résume toutes et forme une véritable condition d'ordre public. Elle a si bien le caractère d'une mesure de police, qu'elle ne pourrait être suppléée par le consentement du donateur à l'exécution de la donation. C'est donc un acte tenant plus, comme on l'a dit, du commandement que du jugement : *Magis imperii quam juridictionis*. Il en résulte l'application des principes qui régissent le contentieux administratif. L'acte purement administratif rendu par l'autorité compétente dans les limites et dans les formes voulues par la loi, s'impose à tous et à chacun. Il ne peut être l'objet que d'un recours gracieux.

Donc les ordonnances, décrets, arrêtés qui autorisent l'acceptation des legs ou donations ne peuvent être déférés au Conseil d'État par

(1) Cass., 12 nov. 1866, 1, 378. — Toul., 1er mai 1868, 2, 91.

la voie contentieuse (Cons. d'État. 12 fév. 1823. — 6 mai 1836. — 1er décembre 1852) (1). Ainsi un préfet autorise une commune à accepter un legs. Il a agi légalement. Son arrêté peut sans doute être annulé par le Ministre son supérieur hiérarchique (c'est la voie gracieuse), mais la décision du ministre, comme l'arrêté préfectoral, a le caractère d'un de ces actes de contrôle et de tutelle qui *ne peuvent léser aucun droit acquis* et échappent à tout recours par la voie contentieuse (Cons. d'État, 9 juil. 1853. — 4 nov. 1873. — 17 avr. 1871) (2). Mais il y a des cas où l'acte purement administratif peut être déféré au Conseil d'État, c'est lorsqu'il est entaché d'inobservation de la loi ou des formes, d'incompétence ou d'excès de pouvoir, et on sait que l'excès de pouvoir en matière administrative, existe lors même que l'agent se renfermant dans les limites fixées par la loi, emploie cependant ses pouvoirs dans un but différent de celui pour lequel on les lui a confiés (3). Le Conseil d'État juge alors comme tribunal de cassation, c'est-à-dire qu'il annule ou renvoie devant une autre juridiction. Ainsi, reprenant l'exemple précédent d'un arrêté préfectoral d'autorisation déféré au Ministre, si la réclamation soulève une question de compétence, de forme, d'excès de pouvoir, la décision du ministre peut être déférée au Conseil d'État, comme l'arrêté qu'elle approuve aurait pu l'être directement. (Voir recours en cette matière : 1° pour incompétence, Cons. d'État, 15 déc. 1865, — 26 août 1867, — 1er août 1867, — 9 mai 1873 (4) ; — 2° pour violation des formes. Cons. d'État, 2 déc. 1871, — 16 mai 1871 (5) ; — 3° pour excès de pouvoir, Cons. d'État, 16 avril 1861) (6).

A côté de ces décisions administratives, nous trouvons dans notre matière de nombreuses décisions judiciaires ; de telle sorte que successivement apparaît l'intervention administrative, l'intervention judiciaire de l'art. 7. ord. 1817 déclare en effet expressément que « l'autorisation ne fera aucun obstacle à ce que les tiers se pourvoient par les voies de droit contre les dispositions dont l'acceptation aura été autorisée ». Et cependant le principe de la séparation des pouvoirs défend à l'autorité judiciaire de s'occuper des actes administratifs. Comment concilier ces deux principes ?

La conciliation se trouve dans cette idée à savoir que l'autorisation, de quelque source qu'elle émane, ne fait que sanctionner les dispositions : elle n'en préjuge pas la validité, qui peut toujours être contestée devant les tribunaux. L'accomplissement d'une formalité, celle de l'autorisation, ne peut dispenser la libéralité des autres conditions de forme ou de fond prescrites par le droit commun. Une cause de nullité

(1) Dalloz, 53, 3, 20.
(2) 55. 5, 105, — 75, 3, 23.
(3) Cons. d'État, 19 juin 1863. — 65, 3, 19, — 7 juin 65, 64, 3, 23. v. note de Dalloz, 76, 3, 41.
(4) Dall. 66, 3, 85, — 63, 3. 72. — 69, 3, 81, — 71, 3. 52.
(5) Dall. 79, 3, 114, — 71, 3, 52.
(6) Dall. 61, 3, 97.

se présente : elle frappera souvent la vigilance de l'administration qui ne voudra pas sanctionner un acte nul, mais il se peut qu'elle passe outre. Et du reste, l'établissement gratifié ne tient pas ses droits de l'acte administratif : il les tient d'un acte essentiellement privé : l'autorisation ne fait que l'habiliter dans l'exercice d'un droit dont il n'a que la jouissance : mais *ab initio* l'autorité ne peut pas elle-même créer aucun droit, ni en sa faveur, ni à son encontre : le fondement de son droit, c'est une donation, c'est un testament, c'est-à-dire un titre dont la connaissance ne saurait appartenir qu'aux tribunaux judiciaires.

Dans la pratique le principe lui-même est tous les jours reconnu (1).

Les applications les plus intéressantes du principe se présentent à trois points de vue.

1° L'établissement légataire avait-il capacité pour recevoir ? Le legs a-t-il été faits dans les conditions autorisées par la loi ? (Voir Canat. 12 nov. 1866. — 14 août 1866. — 18 mars 1867. Toulouse, 1er mai 1868. — Paris, 3 mai 1872) (2).

2° Quels rapports résultent entre l'établissement légataire et les héritiers naturels d'un décret qui n'accordait qu'une autorisation partielle ? L'autorité judiciaire peut l'apprécier sans empiéter sur le pouvoir administratif. (Voir Canat, 13 juillet 1868. Trib. Seine 28 juin 1870) (3).

3° Enfin les tribunaux ont pu être saisis de difficultés relatives à l'exécution de la libéralité. Il arrive souvent, d'une part, que le donateur ou le testateur met telle condition à sa libéralité. D'autre part, il est de jurisprudence constante que l'administration en autorisant peut imposer à l'établissement légataire telles conditions qui lui paraissent utiles. Eh bien, il est reconnu qu'il appartient aux tribunaux de rechercher quelle a été l'intention du disposant ; si les conditions ainsi imposées sont ou non conformes à cette volonté, si par suite le legs est devenu caduc. (V. Canat, 19 mars 1855. — 18 janv. 1869. — C. d'État, 24 décemb. 1863. — 31 janv. 1867. — 13 juillet 1870. — 7 décemb. 1877. Trib. des conflits, 11 décemb. 1875) (4).

Mais à son tour l'autorité judiciaire doit rester dans les limites dont il vient d'être parlé. Le *criterium* me paraît être celui-ci. S'agit-il d'apprécier le don ou le legs, elle est compétente ; s'agit-il au contraire d'interpréter le décret d'autorisation, elle doit surseoir jusqu'à ce que l'interprétation ait été donnée par qui de droit. *Ejus est interpretari cujus est condere* — De même elle ne peut faire exécuter le don ou le legs, tant que l'autorisation n'a pas

(1) V. C. d'État, 29 janv. 75 ; 75, 3, 99. — 7 décemb. 77, 78, 3, 45, Canat, 2 juin 1677, 77, 1, 13.

(2) 67, 1, 378, — 67, 1, 110. — 67, 1, 170. — 68, 2, 91. — 72, 2, 200.

(3) 69, 1, 124. — 70, 3, 118.

(4) 55, 1, 297. — 69, 1, 121. — 64, 3, 19. — 68, 3, 25. — 73. 3, 100, — 78, 3, 45. — 76, 3, 52.

été rendue.—Elle peut reconnaître l'existence de la disposition dans le cas où par exemple elle résulterait d'un testament contesté. Mais elle ne peut ordonner même implicitement son exécution, comme prescrire un compte destiné à déterminer l'étendue du legs (1). Ceci n'est pas contraire à la théorie des mesures conservatoires; car si cette théorie implique le droit d'intervenir dans l'instance où la libéralité est mise en question, si elle entraîne pour les tribunaux le droit de déclarer le don ou le legs valable sans attendre l'autorisation (2), l'exécution des dispositions non autorisées est un acte définitif et non provisoire. Ce serait une sorte d'autorisation d'accepter donnée par l'autorité judiciaire. Or, rien ne peut suppléer le principe de l'article 910, pas même l'autorisation donnée à un établissement d'ester en jugement et d'introduire l'instance pour débattre l'existence même de la disposition Tels sont, appliqués à l'art. 910, les principes du contentieux administratif et judiciaire.

II. L'acte d'autorisation est rendu. Quels en sont les effets?

C'est une donation entre vifs.

S'il y a eu acceptation provisoire, la donation est parfaite, avons nous dit, du jour de cette acceptation : si elle n'a pas eu lieu, le contrat se formant alors, la propriété est transférée définitivement. Dans les deux cas, la condition de l'autorisation étant une condition suspensive, le droit proportionnel de mutation ne devient exigible qu'alors.

Les représentants de la personne morale doivent faire transcrire la donation qui a pour objet un immeuble (art 912). Bien que cet article ne mentionne pas les établissements publics, il n'en est pas moins vrai que ceux-ci ne sont pas restituables contre le défaut d'acceptation, de notification (art. 912), ou de transcription. Mais sont-ils, comme le mari vis-à-vis de sa femme, le tuteur vis-à-vis du mineur, soumis au recours dont parle l'art. 912? Non, car cette disposition a quelque chose de pénal qui l'empêche d'être étendue. Et le tribun Jaubert disait « qu'ils ne devaient être soumis qu'à la responsabilité attachée à leurs fonctions. » Ils ne seraient donc pas absolument déchargés, mais tenus seulement en vertu de l'art. 382; il faudrait qu'il y ait eu négligence de leur part.

Il s'agit d'un legs. — 1° Le legs est universel.

Il n'y a pas d'héritiers à réserve. La personne civile n'ayant au décès qu'un droit subordonné à une condition suspensive, jusqu'à l'autorisation la saisine appartient aux héritiers naturels, jusque-là est inapplicable l'art. 1006

(1) 12 nov. 1862, — 62, 1, 505.
(2) 5 mai, 54, 55, 1, 37.

L'autorisation produit donc cet effet de faire rétroagir la saisine au jour où le droit a pris la naissance. Par suite, les fruits du legs pourront être réclamés depuis le décès du testateur (1). Et ainsi l'utilité de l'acceptation provisoire se trouve restreinte au legs universel avec héritiers à réserve, au legs à titre universel, au legs à titre particulier, aux cas en un mot où la demande en délivrance s'impose, parce qu'alors l'acceptation provisoire, étant assimilée à la demande en délivrance dans le système que nous avons vu, peut seule, avant l'autorisation, faire courir les fruits et intérêts (2).

Il y a des héritiers à réserve. Nous savons que le légataire doit leur demander délivrance (art. 1004). Si la demande est formée dans l'année, il a droit aux fruits du jour du décès, sinon du jour de la demande (art. 1005). Si l'établissement n'a pas le droit d'accepter provisoirement, l'autorisation aura cet effet de lui permettre de formuler sa demande et de lui en assurer les bénéfices. Elle aura aussi cet effet dans le système de ceux qui, lors même que l'établissement peut accepter provisoirement, voient dans l'action en délivrance plus qu'une mesure conservatoire et dès lors ne l'admettent pas comme conséquence de l'acceptation provisoire.

2° *Le legs est à titre universel.*

La demande en délivrance devient possible, comme ci-dessus. De même (observation commune aux deux cas) l'établissement légataire, outre l'action en revendication en l'action personnelle, peut intenter une action en partage, son droit remontant au jour du décès du testateur. Et alors, c'est l'intérêt de l'observation, tout partage opéré avant que l'établissement public ait obtenu l'autorisation est nul à son égard, et il peut demander une nouvelle liquidation (art. 881). Le droit commun s'applique, de sorte que si l'un des héritiers qui a concouru à ce partage ne peut, devenu insolvable, rapporter sa part, la perte doit être mise à la charge de toutes les parties (3). Il va sans dire aussi que le droit commun s'applique ici en ce qui concerne les dettes et charges (art. 1009 et 1012). Et la grande question de savoir si le légataire universel est tenu *ultra vires* des dettes de la succession conserve, dans notre matière, tout son intérêt. Car l'art. 493 qui ne permet au mineur d'accepter que sous bénéfice d inventaire n'est pas applicable aux personnes morales. On a essayé de le soutenir en assimilant les établissements publics à des mineurs. Mais non : lorsque le Code veut marquer cette assimilation, il le dit expressément (art. 2045, 2229, 2121). Loin de le dire ici, le Code (art. 776), parlant de règles spéciales pour l'acceptation d'une succession par la femme mariée, le mineur ou l'inter-

(1) Req. 4 décembre 1866, 67, 1, 107. — 7 juillet 1868, 69, 1, 416. — 8 février 70, 71, 1, 12. — Bordeaux, 59, 2, 220.
(2) V. Demolombe, p. 623, n° 601. — Amiens, 8 mars 1859, 60, 2, 209.
(3) Req., 8 fév. 1870, 71, 1, 12.

dit, ne parle pas des établissements qui restent donc soumis au droit commun. Le legs universel peut donc être accepté purement et simplement. Il pourra arriver que l'autorité, remplissant sa mission tutélaire, autorise l'acceptation sous bénéfice d'inventaire (1). Mais en principe, il n'y a pas de texte qui puisse contraindre la personne morale à remplir une formalité entraînant des frais considérables, alors surtout que l'examen auquel se livre l'autorité est une garantie qui protège suffisamment les intérêts de l'établissement. Donc, la question reste tout entière. Mais il serait trop long de la traiter ici.

3° *Le legs est à titre particulier.*

C'est le genre de disposition le plus fréquent dans la pratique. Le droit commun s'applique. L'établissement légataire aura l'hypothèque légale de l'art. 1017 sur tous les immeubles de la succession. Il ne contribuera pas aux dettes et ne sera tenu que des charges hypothécaires qui grèvent la chose léguée (1024). Il pourra s'en libérer en renonçant à son legs.

Le legs peut être grevé de certaines charges. Ainsi, une ville reçoit le legs d'une rente à condition d'employer cette rente au profit d'une société de bienfaisance. Par l'acceptation de ce legs, la ville devient responsable de charges : peu importe que la succession débitrice du legs ne l'acquitte pas : elle devra servir la rente (2). Nous verrons dans notre seconde partie les nombreuses fondations mises comme conditions d'un legs fait à l'État, au département et surtout à la commune.

CHAPITRE V

I. Du refus. — II. De l'intervention d'office, lorsque la personne morale refuse, elle, d'accepter le don ou legs.

I. L'autorité peut prendre le second parti et refuser l'autorisation. La mesure est radicale : elle blesse les intentions souvent les plus respectables : elle est rarement employée (3), mais elle peut être imposée par les motifs mêmes qui justifient l'art. 910 Une ordon. du 12 juillet 1833, nous en donne un exemple intéressant. Le duc de Bourbon, prince de Condé, avait destiné une certaine somme à la fondation d'une maison charitable pour les enfants et descendants des officiers et soldats de l'armée de Condé et de la Vendée. On lit ce considérant : « Que cette destination aurait pour effet

(1) V. de Salverte. *Rev. critiq.*, t. VIII, p. 111, 113.
(2) Caen, 12 nov. 1869, 69, 2, 225.
(3) De Salverte, p. 113.

d'entretenir des semences de discordes civiles, de réveiller et de perpétuer de dangereux souvenirs qu'il est de l'intérêt de l'État comme dans le devoir du Gouvernement de chercher à éteindre. » (V. aussi avis du Conseil d'État, 18 juillet 1853). Il est donc rare qu'au fond d'un refus il n'y ait pas un motif politique plus ou moins plausible. Et le pouvoir de l'autorité étant absolu, il ne reste que le contrôle assez platonique de la responsabilité ministérielle.

Quels sont les effets du refus ? La donation n'aura jamais existé. Le donateur s'était dessaisi : il y avait eu acceptation provisoire : tout est nul : la condition suspensive ne s'est pas réalisée : les biens ont toujours appartenu au donateur. Quant au legs, il devient caduc. La caducité profite à celui qui était chargé de payer le legs : le droit commun s'applique. Seulement il pourra se trouver devant une clause par laquelle le testateur appelle un substitué vulgaire ; en cas de refus d'autorisation, nous verrons plus loin si c'est là une clause illicite, devant être jugée comme non écrite dans le testament.

II. *Quid juris*, si le refus provient non de l'autorité, mais de la personne morale elle-même, dont les représentants manifesteront expressément ou tacitement l'intention de ne pas vouloir accepter le don ou le legs ? Le Gouvernement peut-il intervenir d'office pour, devant le silence ou même le refus formel de l'établissement, prononcer l'autorisation ou la réduction de la libéralité ? La question s'est posée pour la commune et le département. Il sera facile de l'étendre par analogie aux autres personnes morales.

Oui, dit-on : la tutelle administrative est instituée dans l'intérêt des établissements aussi bien que dans celui des familles ou de l'ordre public. Il faut protéger les mineurs contre les erreurs ou la négligence de leurs représentants. Voilà pourquoi les lois sur l'administration communale et départementale, ont toujours exigé l'intervention du pouvoir pour l'aliénation d'un bien Or, n'est-ce pas une aliénation que le refus d'accepter? En outre, l'art. 48 de la loi du 18 juillet 1837 dit « que les délibérations qui porteraient refus des dons et legs ne sont exécutoires qu'en vertu d'une ordonnance ». N'est-ce pas dire que l'autorité a le droit de réformer la décision prise ? L'intention est évidente, puisque, d'après la loi de 1837, l'acceptation d'une somme inférieure à 3,000 fr. peut-être acceptée par simple arrêté préfectoral ; le refus au contraire est toujours soumis à une ordonnance, parce que ce refus est un acte trop grave pour que la commune puisse le faire librement (1). Quant aux autres personnes morales, celles tout au moins qui rentrent dans l'organisation générale de l'administration, on argumente par analogie et on invoque des mêmes considérations tirées de la tutelle administrative. Enfin on dit que le droit de réduire d'office, résulte du droit d'autoriser d'office ; qu'en effet autoriser d'office, c'est statuer ; que statuer ici c'est au-

(1) C. d'État, 11 avril 1864, 60, 3, 97.

toriser, réduire ou même refuser (1), que par suite l'autorité peut intervenir d'office, aussi bien pour réduire et refuser que pour autoriser.

Nous ne croyons pas cette théorie fondée. Le principe de la tutelle administrative est un argument juste, mais les conséquences qu'on en tire ne le sont pas. Il est des cas où la loi de 1837, a cru nécessaire de faire intervenir un pouvoir supérieur, et dans lesquels les mêmes raisons pouvaient être invoquées. Dans ces cas cependant la loi n'a donné que le pouvoir de s'opposer aux décisions prises, jamais de substituer l'initiative de l'autorité a celle du Conseil municipal. On pouvait excepter le cas de refus de dépenses obligatoires. Mais c'est parce que l'intérêt de l'État lui-même est alors en jeu. Par lui-même le droit de statuer d'office est une prérogative trop considérable pour l'admettre sans un texte formel et l'assimilation entre le refus d'accepter un legs et l'aliénation d'un bien communal n'a rien de bien fondé. De texte il n'en existe pas. L'art. 48 donne au Préfet le droit d'annuler la délibération. Mais cela ne dit pas qu'elle puisse accepter le don pour le Conseil municipal ou prendre une décision suppléant au silence du principal intéressé. Il peut sans doute comme conseil tutélaire appeler l'attention du Maire ou du Conseil. Mais son droit ne va pas au-delà. La preuve en est dans les lois récentes du 24 juillet 1867, et 10 août 1871. art. 1, § 9. « Le Conseil municipal règle l'acceptation et le refus des dons ou legs faits à la commune sans charges, conditions, ni affectations immobilières, lorsque ces dons ou legs ne donnent pas lieu à réclamation ». Il y a là une distinction très-logique lorsque le Conseil accepte mais qui n'a plus sa raison d'être, lorsqu'il refuse. Les mots charges et conditions ne se réfèrent qu'à l'acceptation (2). Que devient alors l'art. 48 précité ? Au cas de refus, plus de réclamation, plus de charges, plus d'affectation pouvant grever le budget municipal ; dès lors le Conseil municipal reste avec son pouvoir de décision propre : l'administration n'intervient plus ; comment pourrait-elle dès lors se substituer au Conseil municipal ? L'art. 46 de la loi du 10 avril 1871 est conçu dans le même sens et conduit au même raisonnement. Il n'est donc plus possible de reconnaître à l'autorité le droit d'autoriser d'office. Ainsi tombe celui de réduire d'office, puisqu'il se base sur le premier. Ainsi est également résolue la question pour les autres personnes morales qui touchent encore moins que le département et la commune à l'organisation administrative. Il peut y avoir, il est vrai, cet inconvénient, que la personne morale restant dans l'inaction, les héritiers soient durant 30 ans incertains sur leurs droits. Mais ils n'auraient alors qu'à s'adresser au tribunal, qui fixeront un délai durant lequel la personne morale sera mise en demeure de prendre un parti.

(1) Ducrop. t. II, n° 1534 bis. Avis C. d'État. *École des Communes* 1844, p. 503. 1 février 1844. 11 avril 1844.

(2) *Circul. minist.* 3 août 1867.

CHAPITRE VI

I. De la réduction ; Est-elle légale ? — II. Ses effets ; elle revêt souvent la forme d'une transaction entre les intéressés ; transforme-t-elle le legs universel ?

Si les refus sont rares, nombreux sont le cas où l'autorité, prenant un parti mixte, réduit la libéralité. La réduction offre en effet de grands avantages. Elle permet de s'opposer à l'extension des gens de main-morte sans méconnaître des intérêts respectables qu'elle concilie dans une certaine mesure. Aussi la pratique l'a-t-elle universellement reconnue (1).

Cependant, pour l'honneur des principes, nous croyons devoir soutenir que cette faculté est illégale et que l'autorité, lorsqu'elle l'exerce, se rend coupable d'un excès de pouvoir. Dans quel texte en effet se trouve inscrit ce droit ? Les art. 910 et 937 n'en disent mot. Les lois postérieures sur les dons et legs sont muettes, et cependant c'est chose grave que de substituer la volonté de l'État à celle du particulier, de refaire en quelque sorte le testament d'un homme mort dans la plénitude de ses facultés, de rétrécir en un mot les conséquences du droit de propriété. *Jus utend, fruendi et abutendi.* Sans doute, en cas de refus pur et simple, ce grand principe se trouve violé plus radicalement encore. Mais aussi le législateur a-t-il parlé en cas de refus. Il n'a rien dit au contraire de la réduction qui entraîne une sorte d'hérédité administrative, plutôt qu'une succession légitime ou testamentaire.

Les arguments invoqués dans l'opinion contraire ne sauraient suppléer au silence du législateur. Quels sont ces arguments ? Ils sont de deux sortes. Le premier est celui-ci : Le gouvernement a le droit de refuser ; *a fortiori* a-t-il le droit de réduire. Il ne fait pas autre chose, que scinder la libéralité pour autoriser une partie et refuser l'autre. On peut répondre qu'il n'est pas toujours vrai de dire « qui peut le plus peut le moins ». Car si les tribunaux annulent un legs, peuvent-ils le réduire ? Ensuite est-il permis de scinder la faculté donnée par l'art. 910 ? Non, parce que les considérations qui le justifient supposent des inconvénients d'une portée trop haute pour souffrir transaction. Si ces inconvénients existent, refus absolu ; mais pas de parti mixte, ayant le plus souvent pour but de créer une sorte de réserve s'ajoutant à la réserve légale. Or la création d'une réserve pour des héritiers quelquefois très-éloignés est contraire à notre législation.

On dit aussi, comme suite du même argument, que c'est rentrer dans les vues du disposant, qui aurait préféré donner une partie que de ne rien donner. Etrange sophisme ! Le fondateur a toujours un but déterminé. Il veut la construction d'un hospice, l'agrandisse-

(1) Voir dans *Rev. critiq.* t, VIII p. 158, de nombreux cas cités.

ment d'une école, l'établissement de succursales de maisons religieuses autorisées. Pour cela, voies et moyens sont nécessaires, et, dans sa pensée, l'affectation entière de la chose léguée est indispensable S'approprier l'intention d'un tiers c'est toujours la dénaturer. Il faudrait qu'une loi formelle vint, avertir le disposant qu'il s'expose à cette réduction toutes les fois qu'il adresse une libéralité à une personne morale. Les perspectives de la réduction lui feront combiner ses calculs, et l'argument pourra dès lors avoir quelque valeur.

Le second argument est historique. On invoque l'ancienne jurisprudence, qui avait admis, dit-on, la faculté de réduire (1). On rappelle ces paroles de Bigot de Préameneu. « Le gouvernement doit empêcher qu'il n'y ait dans ces dispositions un excès condamnable (2) ; et celles de Lainé dans les rapports de la loi de 1817 (3) où il est dit que « le Roi devait être le modérateur des vertus les plus généreuses ». Et l'on voit dans ces termes des allusions transparentes au droit de réduction.

Aux traditions de l'ancien droit, M. Paul Bernard, avec textes à l'appui (4), répond que sans doute les Parlements réduisaient souvent, comme le Conseil d'État aujourd'hui, mais qu'on ne trouve ce droit inscrit dans aucun édit, aucune ordonnance. Quant aux paroles précitées, le refus n'est-il pas le meilleur moyen pour modérer, prévenir des excès condamnables ? L'allusion n'est donc pas transparente, comme on le dit. Les arrêtés du Conseil d'État, postérieurs à la rédaction de l'art. 910 n'en parlent pas. C'est seulement le 18 juin 1809 que le Conseil d'État déclarait que « le legs universel serait accepté pour un quart seulement par la commission administrative des hospices d'Abbeville (5). » La jurisprudence administrative a donc elle-même hésité tout d'abord, et la question de pure légalité reste tout entière. Mais comme en fait la réduction est tous les jours pratiquée, examinons-en les conséquences.

II. Quels effets produit la réduction ? Il s'agit d'une donation. — Disons d'abord que rarement la donation est réduite. Qui sollicite en effet la réduction ? l'héritier du sang ? Ici il est hors de cause. Et puis (Circulaire du 11 avril 1862), le gouvernement fait introduire dans l'acte même les modifications qui lui semblent nécessaires et en fait une condition de son autorisation. Le donateur est invité à modifier ou à ne pas donner. Mais il peut y avoir eu acceptation provisoire, et le donateur est mort. Alors il y a réduction et l'acceptation produira son effet jusqu'à concurrence de la quotité autorisée.

Il s'agit d'un legs. — Les biens réduits échoient à ceux qui les

(1) Voir Merlin *Rép. Inst. d'Hér.* t. 5, I, XVII. Rousseau de Lacombe. *Recueil de jurisprud.* Amortiss.

(2) Fenet t. XII p. 507.

(3) *Moniteur* 29 nov. 1817.

(4) V. *Revue historique*, t. X, p. 37.

(5) V. *Revue critique*, t. VIII, p. 151.

auraient recueillis si l'autorisation eût été refusée pour le tout. Ils retombent dans la succession. Le décret ne saurait en disposer au profit de certains parents, prononcer en leur faveur une sorte d'adjudication partielle de la chose léguée. Les parents riches ne seront pas écartés au profit des parents pauvres. La réduction profitera à tous les héritiers dans l'ordre où la loi les appelle à succéder (1).

Supposons cependant que les héritiers chargés de payer les legs ont partagé la succession? Un co-héritier demande et obtient la réduction. Profite-t-elle aux autres co-héritiers? Je ne le crois pas. Le partage a divisé les actions, les a individualisées : la demande en réduction ne peut dès lors être considérée faite par l'héritier réclamant qu'en son nom personnel. Il faut, si le partage a eu lieu, que la demande soit faite par tous : celui qui n'agirait pas est censé se contenter de sa part et serait non recevable à réclamer le bénéfice de l'action intentée par l'autre (2).

Il arrive souvent qu'au lieu de réduire directement on prend une voie détournée qui conduit au même résultat. Une transaction intervient entre les héritiers du sang et l'établissement légataire. La libéralité pourra être réduite, elle pourra être annulée, disent les héritiers, si nous faisons valoir notre position de fortune. Nous garderons le silence, mais à la condition que l'établissement légataire s'engage à nous payer une certaine somme, à abandonner partie de ses droits. Les pourparlers ont lieu par correspondance administrative, souvent même dans le cabinet d'un préfet, qui s'efforcera de concilier des intérêts se recommandant naturellement à sa sollicitude. Une transaction acceptée de part et d'autre mettra fin à toute difficulté.

Si la personne morale gratifiée est un département, une commune, ou un de ces nombreux établissements publics ne pouvant contracter, s'obliger sans l'autorisation du pouvoir supérieur, le décret interviendra pour autoriser à la fois la transaction et l'acceptation pour le tout de la libéralité. Si au contraire, c'est un établissement dit d'utilité publique, se rattachant moins intimement au pouvoir central et pouvant par suite s'obliger librement, comme une communauté religieuse, il semble que l'autorité n'aurait pas à se préoccuper des conventions intervenues entre les héritiers. Mais elle ne fait en somme qu'user de la faculté de réduction avec le consentement de la personne morale elle-même; elle pourrait le faire d'autorité : *à fortiori* peut-elle autoriser une transaction acceptée par tous et qui a pour conséquence une réduction. Enfin un motif justifie cette homologation. Cette transaction, ayant pour but de prévenir des réclamations, est de nature à exercer une certaine influence sur la décision du gouvernement. Il y a donc connexité entre la demande d'autorisation et la transaction; partant il faut que la même autorité examine en même temps et la libéralité et l'engagement pris à l'occasion de cette

(1) Voir Conseil d'État, 26 avril 1873-75. 3, 26.
(2) Aix, 16 décembre 1831.

libéralité. Cette pratique a du reste cet avantage de créer au profit des héritiers un titre authentique. Les difficultés relatives à son exécution sont toujours de la compétence des tribunaux (1).

Quid juris, si l'établissement légataire a pris un engagement avec quelques héritiers seulement, avec ceux dont la situation était le plus digne d'intérêt, l'autorité peut-elle l'approuver? Nous savons qu'elle ne peut favoriser les uns au détriment des autres. Sans doute la faveur ici ne vient pas d'elle, mais elle la consacre par l'homologation (2) qu'elle lui donne. Les avantages de la pratique l'ont cependant emporté. On a pensé que la délibération prise par les représentants des établissements légataires pourrait être rétractée. Aussi, un avis du Conseil d'État du 25 juillet 1851, a-t-il décidé qu'un article spécial du décret approuverait la convention. Nous dirons, comme plus haut, que la connexité qui existe entre la décision à prendre et cet arrangement, rend l'autorité compétente pour le tout (3). Mais il ne faut pas que sous cette forme existe un vrai partage de succession se faisant au profit de certains parents. Les sommes données, la rente servie doivent conserver le caractère de secours. Tout partage, en effet, doit profiter à tous et non à quelques-uns que semblerait avoir choisis l'administration, commettant en cela une sorte d'empiètement sur le pouvoir législatif lui-même.

Un dernier point nous reste à traiter. Le legs est universel. La réduction le transforme-t-elle en legs à titre universel ou à titre particulier? L'intérêt se présente au point de vue de la saisine, de l'acquisition des fruits, du payement des dettes et charges. On peut dire pour l'affirmative qu'un legs universel réduit est forcément ramené aux proportions du legs à titre universel, si la réduction est à une quotité, d'un legs particulier, si la réduction est à une certaine valeur (4). On peut répondre que la réduction est un cas fortuit, diminuant le bénéfice du legs sans le transformer. Il n'y a point d'intérêt d'ordre public voulant que le décret d'autorisation change le caractère donné au legs par le testateur. Lorsque la réduction a lieu en vertu des art. 913 et 915, il en est autrement, parce que la transformation est imposée par la loi elle même. Mais ici la qualité du legs est déterminée par son caractère originel : un évènement ultérieur ne peut le changer. La jurisprudence consacre cette doctrine (5). Cependant, au point de vue des dettes et charges, il serait trop dur que le légataire universel réduit fût traité comme s'il recueillait la totalité. Il faut concilier la qualité qu'il conserve avec cet autre principe qu'un légataire ne contribue aux charges que dans la mesure de son émolument (art. 871) et dans l'espèce fixer sur cette base sa contribution aux dettes (6).

(1) Req. 18 janv. 1869, 72, 162. — Voir. *Revue critiq.*, année 1856, pag. 152.

(2) Avis du Conseil d'État, 31 août 1847, — Villefroy, *Culte catholiq.*, p. 300.

(3) Voir arrêt du Conseil d'État, 26 avril 1873-75, 3, 25.

(4) Trib. Seine, 28 juin 70-70, 3, 118. — Nimes, 29 décembre, 62, 65, 2, 152.

(5) Amiens, 8 mars, 60, 60, 2, 209. — Bordeaux, 20 fév. 65, 65, 2 150. — Lyon, 22 mars, 66, 66, 2, 81. — Cassal., 4 décembre 1866, 67, 1, 107.

(6) Nimes, 29 décembre 1862.

6

CHAPITRE VII

. Des moyens employés pour violer le principe. — A. Dons manuels. — B. Libéralités déguisées.

Le principe de l'art. 910 constitue, on a pu s'en assurer, une formalité fort gênante, et comme elle est d'ordre public et ne peut être suppléée par le consentement du donateur lui-même ou de ses héritiers (1), elle devait dans la pratique devenir, qu'on me passe l'expression, comme le cauchemar de tous ceux qui veulent être certains que leurs dispositions en faveur d'une personne morale recevront leur pleine et entière exécution. De là les moyens employés pour tourner le principe. Le don manuel, la donation déguisée sous la forme d'un contrat à titre onéreux, l'interposition de personnes, tels sont les moyens dont on s'est servi pour échapper à la nécessité de l'autorisation ou plutôt pour tenter d'y échapper. Nous allons voir si l'on a réussi.

A. *Dons manuels.*

Les dons manuels sont-ils soumis à l'autorisation? Une première opinion soutient que non (2). En effet, dit-elle, les dons manuels ne sont pas soumis aux conditions de forme des donations ordinaires. L'article 931 parle de donations faites dans un acte. Ici la tradition suffit. Or l'autorisation n'est qu'une formalité. Donc, etc.

Ce système confond une question de forme avec une question de capacité. Si les dons manuels ne sont pas soumis aux solennités de l'art. 931, ils restent soumis aux règles de fond. C'est ainsi qu'ils sont réduits, s'ils dépassent la quotité disponible, et peuvent être révoqués dans les cas prévus par la loi. Or si les personnes morales sont capables en droit, en fait elles ne le sont pas, tant que l'autorisation d'accepter n'est pas intervenue. Elles ont la jouissance, elles n'ont pas l'exercice de cette capacité. C'est donc une question de capacité qui se pose. Or la capacité est indépendante de la forme des contrats auxquels elle se rapporte. De plus, quelle inconséquence n'y aurait-il pas à soumettre au contrôle de l'autorité le legs d'un immeuble de 5,000 fr., à soustraire d'autrepart le don de 100,000 fr., parce qu'il aurait été fait de la main à la main? Ce serait, dit avec raison la cour de Paris, un moyen facile d'éluder la loi et de porter atteinte aux droits des familles et à l'ordre public (3).

Mais, objecte-t-on, comment appliquer ici l'art. 937 exigeant l'auto-

(1) 24 juillet 1854-55. 1. 93.
(2) Cassat. 23 nov. 1833. 34. 1. 50. 33. 2. 23.
(3) Paris 12 janv. 185 — 500, 2, 27.

risation préalable à l'acceptation, puisque tout est consommé par le fait de la tradition ?

Il faut dire ici, comme en matière d'acceptation provisoire : L'établissement reçoit sous la condition qu'il sera autorisé. Il peut prendre des mesures conservatoires ; la meilleure c'est celle de recevoir les valeurs offertes. Cette réception constitue l'acceptation provisoire. Quand l'autorisation interviendra, elle aura un effet rétroactif et servira de ratification. Et alors, conséquence : Le donateur peut mourir, qu'importe ? l'acceptation a eu lieu, le contrat s'est formé sous la condition suspensive de l'autorisation à intervenir : la condition se réalisant, le don manuel est parfait. Ainsi l'ont décidé la cour de Paris et la Cour de Cassation à l'occasion d'une somme de 125,000 fr. donnée par la princesse de Béthune à la fabrique de St-Thomas d'Aquin (1).

Mais ces arrêts sont allés trop loin, en déclarant les héritiers non recevables à agir en répétition. L'autorisation n'avait pas été demandée. Ceux-ci pouvaient donc se prévaloir de la violation de l'article 910, condition d'ordre public. Si l'autorisation peut être donnée après la mort du donateur, c'est pour ne pas rendre l'établissement responsable des lenteurs administratives. Tel a été le but du législateur en établissant l'acceptation provisoire. Cela suppose les formalités commencées avant la mort du donateur. Mais ce serait encourager la fraude que de permettre à la personne morale de ne demander l'autorisation que sous le coup d'une action en nullité. Il faut bien une sanction à l'art. 910 s'appliquant aux dons manuels comme aux autres libéralités. La sanction, c'est la nullité qui peut être demandée par les intéressés devant les tribunaux compétents. Et alors, ou bien l'établissement s'est mis en mesure d'obtenir l'autorisation soit du vivant du donateur, soit après, ou bien il a gardé un silence prudent. Dans le premier cas, les tribunaux doivent surseoir jusqu'à la décision à intervenir ; dans le second cas il y a fraude, et par suite fondement à répétition. Telle est du moins notre opinion.

C'est donc vainement que le donateur recourt au don manuel pour soustraire l'établissement au principe de l'art. 910. Dans deux cas seulement, ce principe n'est pas appliqué.

1° Il s'agit de dons modiques, effets mobiliers, quêtes, souscriptions pour les pauvres. Un avis du comité de législation de 1810 les déclare valables sans autorisation. (Voy. art. 75 du décret du 30 déc. 1809 pour les quêtes et collectes. Voy. aussi Paris, 14 mai 1861, 67-1. 170).

2° Il s'agit d'un don manuel fait pour être employé en bonnes œuvres sans affectation déterminée. Nous y insisterons plus loin, mais, en attendant, sachons que d'abord cette disposition n'est pas nulle, comme faite en faveur de personnes incertaines, étant surtout une charge de succession, une mission confiée à la conscience du donataire et de l'exécuteur testamentaire. D'autre part, elle échappe à

(1) Paris 7 décembre 1852, 2, 92. — Cassat. 8 mars 1867, 67, 1. 295.

l'autorisation, puisqu'elle n'institue aucun établissement comme bénéficiaire direct de la libéralité (1).

D. *Des libéralités déguisées.*

L'art. 911 du Code civil déclare nulle toute disposition faite au profit d'un incapable par personnes interposées ou sous la forme d'un contrat onéreux. Cette nullité s'applique-t-elle aux personnes morales, aux établissements reconnus qui ne peuvent recevoir qu'avec une autorisation du gouvernement ?

Non, ont répondu bien des auteurs. Les établissements reconnus ne sont pas incapables de recevoir. Ce qu'établit l'art. 910, c'est une formalité essentielle, une condition suspensive, mais non pas une incapacité. La fraude, d'ailleurs, est-elle possible? Non, car tous les moyens employés ne feront pas que l'acquisition ait lieu sans autorisation. Si la disposition est déguisée sous la forme d'un contrat à titre onéreux, ne faut-il pas une autorisation pour les actes de cette nature comme pour les dons et legs?

Si la libéralité est faite par une personne interposée, ne faudra-t-il pas que le donataire réel soit autorisé, quel que soit le donateur apparent? La famille enfin, les tiers intéressés ne peuvent-ils pas toujours intervenir pour donner aux actes leur vraie qualification, prouver par exemple que l'acquisition est à titre gratuit, que le défunt est le véritable disposant?

L'autorité n'aurait-elle pas ainsi tous les éléments pour prendre une décision en pleine connaissance de cause?

Cette doctrine ne manque pas d'une certaine force. Il semble même que son premier argument est la conséquence de ce que nous avons dit nous-même, sur la capacité des personnes morales d'acquérir à titre gratuit. Nous avons en effet proclamé hautement cette capacité, mais en nous plaçant à un point de vue absolument théorique. Or, nous sommes maintenant dans le domaine des faits : nous assistons à la mise en pratique de cette capacité, il ne s'agit plus de la jouissance d'un droit, mais de son exercice. Et quel a été notre principe? que la personne morale capable en droit, était incapable en fait tant que l'autorisation n'était pas intervenue : qu'il y avait là une condition d'ordre public, reposant sur des considérations de la plus haute importance : que, par suite, il y avait plus qu'une simple formalité administrative.

C'est une incapacité *sui generis*, si l'on veut, mais c'est une incapacité, en tant qu'on prétend donner à une personne morale le droit d'acquérir sans autorisation. Or précisément, ici, quel est le but des déguisements? Échapper à la nécessité de l'autorisation, c'est-à-dire violer la loi.

Sans doute, les acquisitions à titre onéreux doivent être autorisées

(1) V. Demol. Donat. t. 1, no 612 et suiv.

aussi bien que les libéralités : mais l'autorisation se donne plus facilement pour une vente que pour une donation. L'autorité se préoccupant de la situation des familles : cet intérêt lui paraîtra pleinement sauvegardé si une valeur sortant d'un patrimoine est immédiatement remplacée par une autre. De même, au cas d'interposition, la famille du donateur apparent peut être riche, celle du donateur véritable, dans le besoin. L'autorité, qui dans ce dernier cas réduirait, peut-être même refuserait, grâce au déguisement, permettra l'acceptation. Elle sera trompée.

Or, nous avons considéré l'art. 910 comme un principe d'ordre public. N'est-ce donc pas le cas d'appliquer l'art. 6 du code civil, qui déclare nulles toutes conventions contraires à l'ordre public ? Les auteurs les plus récents, sont pour ce système, qui est du reste consacré par la jurisprudence (1).

Faisons cependant une réserve. Il peut arriver que le déguisement cache un autre but que celui de frauder l'art. 910, celui par exemple d'éviter des droits de mutation, de ménager les susceptibilités de la famille. Nous serions alors disposé à dire que, l'établissement n'étant incapable qu'en tant qu'on veut le soustraire à l'art. 910, l'action des héritiers aura seulement pour effet de le mettre en demeure d'avoir cette autorisation. Mais en fait, l'intention de frauder sera le cas plus ordinaire, et, si je fais cette réserve, c'est plutôt pour interpréter ce considérant d'un arrêt, disant que ces libéralités doivent être annulées, « alors surtout que cette disposition n'aurait pour objet que d'éluder la nécessité de l'autorisation. » Ces termes semblent écarter la nullité, dans le cas d'absence de fraude. C'est alors une question de fait souverainement appréciée par les tribunaux.

Quels sont, en tous cas, les moyens de preuve à la disposition des intéressés ?

L'art. 1348 s'applique ici. Ils n'ont pu se procurer une preuve écrite. Ils peuvent donc recourir à la preuve testimoniale et aux présomptions prises en dehors de l'acte et sans aucun commencement de preuve par écrit. Il y a du reste des symptômes ordinaires qui trahissent la vérité.

Pour les donations-ventes, c'est un établissement dont les ressources étaient insuffisantes pour pouvoir payer l'immeuble acheté ; c'est la succession du prétendu vendeur qui ne présente aucune valeur équivalente : c'est une vente faite à fonds perdu, à charge de rente viagère, avec réserve d'usufruit, etc., etc.

Quant à l'interposition de personnes, elle présente ordinairement deux formes, le dépôt-mandat et le fidéicommis.

Le dépôt-mandat consiste à charger un ami de remettre, après le décès du disposant, une somme que ce dernier lui a confiée de la main à la main. Laissant de côté la fraude, il y a là un motif spécial pour

(1) Troplong, t. II, n° 721 ; Aub. Rau, t. VII, p. 115. Demante, t. IV, n° 32, Demol. Donat. p. 631. — Cass. 17 nov. 1852, 53, 1, 226. — Montpellier, 21 avril 1851, 55, 2, 115. — Paris, 3 mai 1872, 72, 2, 149.

annuler cet acte. Il n'y a que deux moyens de disposer à titre gratuit, le testament et la donation. Ici point de testament. Y a-t-il contrat de donation? Non, puisque l'acceptation n'a pas été faite du vivant du donateur. Y a-t-il contrat de dépôt? Mais (art. 1939) en cas de décès du déposant, la chose déposée ne peut être rendue qu'à son héritier (1). Y a-t-il mandat de transmettre à l'établissement? Mais (art. 2003) le mandat finit par la mort du mandant. Donc, la disposition est caduque, indépendamment de la nullité pour fraude à l'art. 910.

Passons au fidéicommis. Il suppose également un tiers donataire ou légataire chargé de transmettre aux représentants de l'établissement. Mais à la différence du dépôt-mandat, où la remise se fait de la main à la main, le fidéicommis se présente sous la forme d'un testament. C'est un legs par interposition de personnes. D'une manière générale, un fidéicommis n'est pas illicite, lorsqu'il s'adresse à une personne capable (art. 911. *Arg. a contrario*). Le fiduciaire est alors un exécuteur testamentaire. Mais ici la personne morale est un incapable au sens que nous avons dit. Premier motif pour déclarer la nullité. De plus, précisément parce qu'elle est incapable, elle ne sera pas nommée. Il faut, en effet, éviter l'autorisation. Alors conséquences : d'une part, l'établissement n'a aucune action, contre le fiduciaire pour l'exécution du fidéicommis, puisqu'il se trouve dépourvu de titre, et, d'autre part, la famille peut demander la nullité du legs ainsi fait, soit qu'elle l'attaque à raison de l'incapacité du véritable destinataire, soit qu'elle dise que le vrai légataire, étant dissimulé, la disposition doit être déclarée nulle, comme s'adressant à une personne incertaine, c'est-à-dire à une personne n'existant pas juridiquement (2). Telles sont les dispositions ainsi conçues : Je charge mon légataire de remplir mes volontés qu'il connaît parfaitement ou que je lui indiquerai dans une note séparée, etc. Le vrai bénéficiaire est alors un tiers qui n'étant pas connu est une personne incertaine.

Mais comment prouver qu'il y a fidéicommis? Nous avons dit par tous moyens possibles. Cela n'est pas admis sans conteste. Et une difficulté se présente dans tous les procès relatifs à des fidéicommis tacites. Faut-il qu'il y ait accord, concert entre le testateur et le fidéicommissaire? Il semblerait que oui. Le fidéicommis implique charge de remettre et la charge de remettre suppose un pacte intervenant entre celui qui veut gratifier l'incapable et celui qui consent à servir d'intermédiaire entre le testateur et l'établissement (3). Cependant la jurisprudence décide que le fidéicommis peut exister indépendamment de tout engagement quelconque. Et avec raison, selon nous, car si le tiers n'est pas lié légalement, il est impossible qu'il ne se croie pas, en conscience, obligé de remplir la volonté du donateur,

(1) Cass. 16 août 1842.

(2) Art. 906, voir *Sur les legs en faveur des personnes incertaines*, 2 avril 1875. — 75, 2, 25. — Limoges, 13 mai, 67, 67, 2, 81. — Cass. 10 nov. 1857, 59, 1, 73. — Paris, 9 juin, 1857, 59, 2, 137. Caen 29 nov. 1859, 79, 1, 202.

(3) Voir les diverses opinions dans Demol., t. XVIII, p. 659.

qui n'a pas entendu le gratifier. Il ne peut retenir une libéralité qui ne lui est pas destinée. Si dès lors il la transporte à l'établissement, est-ce de son propre mouvement, sur sa libre initiative ? Non : car il suit l'intention connue ou présumée du disposant : il joue le rôle d'intermédiaire, il est personne interposée : il y a donc fidéicommis tacite. L'art. 911 ne parle pas de concert, il constate le seul fait de l'interposition de personnes : il n'est donc pas permis d'ajouter pour l'existence du *fidéicommis* une condition qui n'a pas été exigée par le législateur. Si la loi n'a pas défini les caractères du fidéicommis tacite, c'est parce que la fraude aurait toujours trouvé moyen de se mettre à côté de la définition. Le législateur a voulu que le pouvoir des tribunaux pût se mouvoir dans un cercle aussi large que celui où peut se mouvoir la fraude elle-même. Il n'est même pas nécessaire que la restitution ait eu lieu : les tribunaux peuvent déclarer l'interposition de personnes, dès qu'ils reconnaissent que la restitution doit être faite, alors même qu'elle ne l'aurait pas été (1).

Terminons donc ce chapitre en disant qu'il est dangereux de recourir aux libéralités déguisées pour échapper au principe fondamental de notre matière. La fraude peut réussir quelquefois : mais aussi elle peut entraîner, avec la nullité de la disposition entière, des conséquences pires que celles redoutées par le disposant. Je comprends les congrégations non autorisées, les établissements non reconnus, employant ces déguisements pour pouvoir acquérir. Ils n'ont rien à perdre, en effet, vu leur incapacité absolue d'acquérir directement, en principe du moins. Les personnes morales, au contraire, en voulant tout gagner risquent de tout perdre. Ne vaut-il pas mieux, pour elles, se rattacher franchement à l'art. 910 dans l'application duquel, nous l'avons dit, elles nous paraissent puiser comme une reconnaissance implicite et sans cesse renouvelée de leur propre existence ?

CHAPITRE VIII

I. Des conditions illicites accompagnant l'acte de libéralité. — II Applications intéressantes du principe, lorsque la volonté du disposant est contraire à la présomption qui sert de base à l'art 900.

A côté des moyens employés pour tourner l'art. 910, vient se placer naturellement l'étude des cas assez nombreux où les libéralités adressées à des personnes morales sont faites sous des conditions illicites. Il va sans dire que les tribunaux seront toujours compétents pour juger si la condition est impossible, contraire à l'ordre public et par suite déclarée non écrite (art. 900). Mais cette attribution souveraine à laquelle pourront toujours recourir les intéressés, ne fait

(1) Bord., 8 octobre 1847, 48, 2, 21. — Paris, 20 mai 1851, 52, 2, 183. — Cass., 17 nov. 52, 53, 1, 125. — 25 mars 1853. 53, 1, 152. — Cass., 6 avril 1862, 62, 1, 435. — Nîmes, 11 janvier 71, 73, 2, 41.

pas que l'autorité ne puisse comprendre l'examen de ces conditions au nombre des éléments se rattachant à l'instruction de la demande, et n'efface elle-même celles qui lui paraîtraient inadmissibles ; cependant, elles ne sont pas toujours un obstacle à l'acceptation des libéralités qui sont alors *autorisées aux charges, clauses et conditions imposées, en tant qu'elles ne sont pas contraires aux lois.* Cette formule signifie que le décret d'autorisation n'a pas entendu soumettre l'établissement légataire à l'exécution des conditions réputées nulles par le législateur (1). L'autorité aurait pu agir par voie de suppression pure et simple. Sous cette forme, le conseil d'État, respecte on ne peut mieux les attributions des tribunaux auxquels il semble ainsi laisser le soin de statuer sur les conditions dont il s'agit.

Les tribunaux de leur côté, en appliquant l'art. 900, assurent le respect de la loi tout en maintenant le don, le legs, la fondation à laquelle en somme il faut supposer que le fondateur tenait plus qu'à l'exécution même de la condition sous laquelle était faite la libéralité.

Mais précisément parce que telle est l'intention probable du fondateur, intention qui a servi de base à la disposition de l'art. 900 du reste très-critiquée, une grave difficulté va-t-elle maintes fois se présenter au cas d'une disposition par testament. Prévoyant l'application de l'art. 900, le testateur fera comprendre, s'il ne le dit expressément, que l'existence du legs est subordonnée à la réalisation de la clause et condition, que dans sa pensée le legs est révoqué, si la condition est effacée, que même dans ce cas il substitue au premier légataire un autre légataire. *Quid juris?*

On objectera sans doute que cette prétention de forcer la main à l'autorité n'est pas admissible. Pourquoi, dira-t-on, la loi qui répute les conditions illicites non écrites lorsque le testateur n'en dit pas davantage, agirait-elle autrement lorsqu'il déclare ce que nous savons? Toute condition a pour effet de faire dépendre l'existence du fait juridique de sa propre réalisation. En le déclarant expressément on ne fait que dire dans l'acte ce que la condition elle-même dit implicitement. Or, la condition avec ou sans explication est traitée de la même manière. Elle est réputée non écrite, et la libéralité devient pure et simple.

Un mot réfute ce système. Le propriétaire peut disposer de sa chose comme il l'entend. Le droit de libre disposition est de l'essence du droit de propriété. Quelle est la base de l'article 900? C'est une présomption. On suppose que le disposant aurait maintenu sa libéralité, s'il avait su que la condition apposée devait entraîner sa nullité. Or, cette présomption ne disparaît-elle pas, lorsque le testateur s'explique à cet effet et dit, soit expressément, soit tacitement, par l'ensemble de la disposition sainement appréciée : « Je préfère que cette libéralité ainsi transformée ne tienne pas, qu'elle passe à un autre »? Est-ce que la libéralité peut tenir, alors que le

(1) Décret 2 février 1852, fabrique de Marey.

disposant lui-même donne un démenti à la présomption qui sert de base à l'art. 900 ?

II. Ces principes ont donné lieu à des applications trop intéressantes pour que nous les passions sous silence.

1re. Clause que les immeubles légués seront inaliénables. — Évidemment la clause est illicite : elle doit être au moins effacée; mais le testateur en a fait une condition de rigueur : le legs sera-t-il maintenu? Nous ne le pensons pas, et nous disons : le testateur préfère un héritier *ab intestat* à un établissement pouvant vendre et aliéner les biens qu'il lui lègue. Il faut respecter sa volonté. Un arrêt de la Cour de Lyon a cependant décidé le contraire (1).

2° Des fondations avec administration spéciale. — Ainsi, fondation d'une école communale à la condition qu'elle sera dirigée par des instituteurs congréganistes, des Frères de la doctrine chrétienne. Cette condition, a-t-on dit, est illicite, elle porte atteinte au pouvoir que la loi donne à l'autorité départementale et municipale sur le choix des instituteurs. — Cet argument serait exact si, en effet, l'autorité était engagée par le fondateur. Mais l'autorité conserve la liberté de supprimer l'école des Frères, de la remplacer par une école laïque. Seulement la fondation est subordonnée au non exercice de ce droit. Le disposant n'impose pas sa volonté : il en fait une condition *sine qua non* du maintien de sa libéralité. Si la condition est violée, la commune perdra le bénéfice du legs. La clause révocatoire produira son effet (2).

3° Application du principe à la clause que, — si le gouvernement réduit la libéralité, — le testateur révoque sa donation ou institue un autre légataire. Supposons d'abord une donation entre vifs. Ce cas est assez rare parce que l'autorité se mettant en rapport avec le donateur (3), celui-ci d'ordinaire se conformera aux limites et conditions que lui fixera amiablement l'autorité. Mais en somme, il nous semble qu'une telle clause n'attente pas aux droits de l'État : elle serait contraire aux lois, à l'ordre public si elle liait l'administration; mais celle-ci demeure libre d'autoriser ou de refuser : elle ne peut, parce qu'il lui semble que le donateur donne trop, le contraindre à donner moins. La volonté du donateur doit être respectée.

Passons aux legs où la clause ci-dessus est plus fréquente.

Et d'abord, première hypothèse : il y a condition que le legs ne sera pas réduit, mais on n'a institué personne autre au cas de réduction. Cette condition, dira-t-on, va singulièrement gêner l'administration. Le droit de réduction est d'ordre public. Ce peut être un devoir pour l'autorité. Or, elle sera tentée de manquer à son de-

(1) 22 mars 1866, 66, 2, 81. — 7 juillet 64, 68, 114.

(2) Bulletin officiel du ministère de l'intérieur, 1863, page 500 du C. d'État, 10 juin 1863. — 22 avril 1861. — 22 nov. 1858. — Voir pendant longtemps décision contraire, Jour. des Communes, t. 36, 198, t. 39, 150, t. 41, 113. Voir aussi pour la fondation d'un hospice avec administrat. spéciale, 3 août 54, 55, 1, 451. — V. enfin Grenoble, 3 juillet 1869-73, 2, 224.

(3) Circul. du 10 avril 1862.

voir, si la libéralité est excessive, en ne pas la réduisant. Ou bien elle risquera, en refusant pour le tout d'enlever à un établissement important, une libéralité qui lui est nécessaire en partie. Cette clause lie donc l'autorité : elle doit donc être respectée, non écrite : ce legs deviendra pur et simple, réductible, par suite, à la mesure fixée par l'autorité.

Ce raisonnement n'est pas juste L'art. 910 édicte bien un principe que nous avons déclaré d'ordre public : mais ce qui est d'ordre public, ce n'est pas que le pouvoir ait une liberté d'appréciation plus ou moins étendue : c'est uniquement qu'aucun établissement de main-morte n'acquière sans autorisation. Or, la clause ne viole pas ce principe, et comme tout testateur conserve le droit absolu de régler sa succession comme il l'entend, je ne vois pas pourquoi ce droit recevrait ici une grave restriction, alors surtout que le droit de réduction, comme nous l'avons dit, n'est rien moins que douteux en législation pure, que par suite en dessaisir le Gouvernement n'est pas une infraction à l'art. 6 du Code civil. Pour nous, la société est suffisamment défendue par le droit de refuser l'autorisation.

Seconde hypothèse. — Le testateur déclare qu'en cas de refus ou de réduction, un tiers sera substitué à l'établissement. C'est pour cette espèce que la jurisprudence a parlé. Car les héritiers légitimes ont alors le plus grand intérêt à faire prononcer la nullité de la clause, nullité qui entraînerait celle de l'institution subsidiaire du tiers. Sans doute, la clause qui appelle le second légataire a recueillir le legs gêne l'administration, et la Cour de Paris a écarté le codicile instituant le tiers légataire comme ayant pour but d'entraver le pouvoir que l'État tient de la loi. Si, dit l'arrêt, on permettait au testateur de lier la main au gouvernement, ces clauses deviendraient de style, et le droit d'autorisation partielle serait en fait aboli.

Cette jurisprudence n'a pas été avec raison adoptée par la Cour suprême qui a consacré les principes que nous avons émis. La question n'est pas de savoir si l'administration subit quelque indécision : n'est-elle pas indépendante? Mais la vraie question est de savoir si, quand le testateur pourrait ne rien donner à l'établissement public, il n'a pas pu lui préférer le second légataire au cas où il ne recueillerait pas le legs de la manière prévue et déterminée. On comprend que la disposition entière puisse, dans la pensée du fondateur, être nécessaire pour l'exécution de la fondation, et qu'à tout considérer, il préfère ne rien donner que de voir son œuvre imparfaite. Et alors, de quel droit les tribunaux donneraient-ils à ses héritiers ce que le testateur leur a refusé. De quel droit écarteraient-il le légataire universel que le défunt a voulu qualifier ? Il a préféré l'établissement au tiers, et le tiers à sa famille. C'était son droit. Il faut le respecter (1).

(1) Voir Canat, 25 mars 1863, 3. 1, 111. — Amiens, 21 juillet 63. 63, 2,158. — Canat, 18 janv. 63, 72, 1, 31. — 13 juillet 69, 67, 1, 121.— Contra Paris, 2 avril 1861, 61. 2, 113. — Lyon, 29 janv. 1861, 2, 105.

Il ne faut pas confondre avec le cas qui nous occupe, celui où le legs universel fait au profit d'un tiers peut être considéré comme ne conférant à cette personne que la qualité d'intermédiaire, chargé de transmettre à un établissement. Le but de l'institution est alors d'écarter, par défaut d'intérêt, les tentatives que feraient les héritiers du sang pour demander soit la nullité, si l'établissement n'est pas reconnu, soit la réduction, s'il est reconnu. Le legs doit être alors annulé au profit des héritiers légitimes. Mais c'est parce qu'alors il y a une personne interposée, un exécuteur testamentaire, chargé de protéger frauduleusement les dispositions contre les plaintes des intéressés. Dès qu'il est prouvé, en effet, que le titre du légataire universel n'est pas sérieux, nous rentrons dans le chapitre précédent, il y a nullité pour interposition de personnes (1).

CHAPITRE IX

I. Des dons et legs aux établissements non reconnus ; nullité en principe. — II. Correctifs apportés à ce principe par la jurisprudence en faveur d'établissements non reconnus se rattachant à la bienfaisance publique ou au culte. — III. Mêmes moyens que ci-dessus pour tenter d'échapper à la nullité.

Jusqu'ici notre hypothèse a été celle d'une donation ou d'un legs s'adressant à un établissement reconnu. Élargissons notre cadre : prenons un établissement non reconnu comme sujet de la libéralité et tâchons de dégager les principes en vigueur dans cette intéressante matière.

La règle fondamentale se trouve dans l'art. 906 combiné avec l'art. 725.

Il faut exister pour recueillir par donation, testament ou succession. Or, les corporations, communautés, établissements qui ne sont pas reconnus n'ont aucune existence civile. L'existence de fait, au moment du décès du disposant, ne suffit pas. Juridiquement les établissements n'existent que par la reconnaissance légale faite par l'autorité compétente ; jusque-là c'est le néant qui est institué donataire ou légataire, c'est-à-dire que la libéralité est non avenue.

Mais une question très-délicate a été soulevée. Ne peut-on pas faire une libéralité sous la condition que l'établissement obtiendra sa reconnaissance ? Et si cette condition n'est pas exprimée, n'est-elle pas implicite ?

Il ne sera pas étonnant, en effet, qu'à l'occasion même de cette libéralité l'établissement demande la personnalité. La capacité qui lui est alors accordée aura-t-elle un effet rétroactif au jour du dé-

(1) Cassation, 17 mai 1852. — 17 nov. 1852 53, 1, 124. — 3 juin 1861. — Voir d'autres exemples de conditions illicites dans la *Revue critique* de Salverte, précéd. citée. — Conditions d'être enterré dans une église, d'y avoir une tribune, etc., etc.

cès, c'est-à-dire au jour où il faut exister pour être apte à recevoir? Telle est cette question qu'en jurisprudence et en doctrine nous devons étudier?

En ce qui concerne la jurisprudence, celle des tribunaux et celle du Conseil d'État ne sont pas d'accord. Le Conseil d'État autorise souvent aujourd'hui par le même acte à la fois l'établissement et la libéralité qui lui a été faite (1).

La Cour de Cassation, au contraire, saisie par les héritiers de cette question de capacité sur laquelle sa compétence ne saurait être discutée s'est plusieurs fois prononcée pour la nullité dans les cas même où le Conseil d'État avait donné avec la reconnaissance l'autorisation d'accepter (2). Où est la vérité et que dit-on en faveur de la jurisprudence administrative?

On dit : 1° L'établissement existe en fait : cette existence est à l'existence de droit ce que la conception est à la vie elle-même chez l'enfant qui va naître. Or, qui ne connaît la maxime : « *Infans conceptus pro nato habetur quoties de commodis agitur.* »

2° En droit romain et dans l'ancien droit on pourrait disposer au profit d'un incapable pour le temps où il serait capable, *quum capere poterit* (loi 62. *De hæred. instit.*)

3° Les droits des héritiers sont rétroactivement effacés ; et cela en vertu de l'art. 1,179. Au décès, en effet, l'établissement a un droit conditionnel, la condition étant si la personnalité juridique lui est accordée Cette condition se réalisant, le legs est validé *ab initio* (3).

Ce système a été vivement combattu par M. A. Gautier, professeur à la Faculté de droit d'Aix (4). Voici, en deux mots, ses arguments :

1° La maxime précitée est une fiction. On n'étend pas une fiction. Elle s'explique en faveur de l'enfant conçu qui, dans quelques mois, va compter au nombre des vivants. L'établissement restera peut-être trente ans sans se faire reconnaître. Dans cet intervalle, l'héritier saisi restera sous le coup d'une révocation.

2° La condition *quum capere poterit* ne s'appliquait pas à la capacité, d'après le droit civil, mais au *jus capiendi*, d'après les lois caducaires, le *celebs*, l'*orbus*, pouvant devenir capable dans un certain délai. à partir du décès du testateur. Quant à l'ancienne jurisprudence, elle ne peut être invoquée, vu les principes que nous avons, aujourd'hui, sur la main-morte et qui sont absolument contraires à la faveur de l'ancien régime.

3° Enfin, qu'est-ce qu'une condition? une modalité. Mais il faut

(1) Voir décret du 16 août 1859 (Société d'Agricult. d'Indre-et-Loire). — Décret du 19 décemb. 1870 (Asile de Bon-Secours à Anduze, (Gard). — Décret du 10 mai 1876 (Sœurs de l'Immaculée-Conception à Buzançais (Indre). — Décret, 14 août 1877 (Petites Sœurs des malades à Mauriac (Cantal). etc

(2) Cassat. 12 avril 1861, 61, 1, 318. — 17 fév. 64, 65, 1, 83. — 14 avril 1866, 67, 1, 110.

(3) Troplong Donat., t. II, no 612.

(4) Voir *Revue critique*, 1877, t. XLIII, p. 115.

que l'acte juridique, pour être valable, puisse se comprendre sans cette modalité. Or, si l'on enlève la condition dont s'agit, il reste le néant, c'est-à-dire l'incapacité absolue. Le droit n'a donc pu naître au décès : comment tenter de le faire rétroagir à une époque où il n'a pu exister ? M. Gautier conclut donc à la nullité radicale.

Telle est la doctrine enseignée par la très-grande majorité des auteurs (1) et appliquée, nous l'avons dit par la jurisprudence. On a cherché à tourner la difficulté. On a dit : La libéralité faite directement à l'établissement est nulle, mais elle est valable si elle peut être considérée comme la charge d'une libéralité faite à un autre gratifié.

M. Demolombe indique ce biais. MM Aubry et Rau disent formellement : « La reconnaissance ultérieure des établissements appelés à profiter de ces charges leur donnera qualité pour en réclamer l'exécution. » La Cour de Cassation enfin, confirmant un arrêt de la Cour d'Aix du 13 mars 1873, a récemment consacré cette importante distinction par un décret du 8 août 1874.

Que faut-il en penser ? M. Demolombe, sans nous dire pourquoi, reconnaît qu'elle n'est pas absolument juridique M Gautier nous en donne judicieusement la raison. Il compare cette disposition, au cas où, dans un contrat, l'une des parties fait une stipulation en faveur d'un tiers (art 1121), alors, dit-il, les formalités ordinaires de la donation ne sont pas exigées : mais les conditions de fond restent, et avant tout la condition de capacité. C'est ainsi que la capacité devra exister au moment où le contrat se formera par l'acceptation ; d'autres veulent au moment de l'offre et de l'acceptation. De même ici faut-il que la capacité existe au moment où naissent les droits, où le testament produit son effet, c'est-au dire au décès. Et puis n'est-ce pas faire dépendre le sort de la libéralité d'une question de rédaction ? Dans le premier cas il y avait bénéfice direct, il y a ici bénéfice indirect, c'est vrai ; mais qu'importe à l'établissement qu'il reçoive à titre de charge ou à titre de legs ; il y a toujours libéralité.

Ces objections ont, au point de vue scientifique, une très-grande force. Cependant je ne serais pas étonné que la jurisprudence s'affirmât dans un sens contraire par des considérations de fait d'une grande valeur. Le plus souvent l'établissement dont il s'agit sera, comme dans l'espèce qui a donné lieu à l'arrêt, un établissement de charité, d'enseignement. Il serait regrettable qu'une disposition de cette nature ne sortît pas à effet. Il semble que dans ce cas on ait voulu, en quelque sorte, donner aux particuliers, un biais pour tourner la loi sans la violer brutalement.

Quoi qu'il en soit, gardons-nous de confondre avec le cas qui nous occupe une hypothèse qui en diffère grandement, bien qu'il

(1) Demol. Donat., n° 558. — Aub. et Rau., t. VII, p. 132. — Trochon. *Rég. légal des commun.*, p. 210. — Labbé. *Observat. sur un arrêt de Caen*, 12 nov. 1869, 70, 2, 156. — 8 avril 1874, 76, 1, 225.

y ait une apparente analogie. Je veux parler d'une libéralité faite pour la fondation d'un établissement : matière qui servira de base à notre seconde partie. Un don est fait pour la création d'un hospice, d'une école, d'une bibliothèque. Dira-t-on que le don est nul parce qu'il s'adresse au néant ? Ce serait ne pas voir au fond des choses. Toute libéralité de cette nature a pour conséquence une somme de bénéfices apportée dans un service public. Or, tout service a son organe, son représentant. On peut considérer ce service comme le sujet de la libéralité. L'idée est celle-ci : toutes les fois que, dans une disposition pour la création d'un établissement, une personne morale, Etat, département, commune, etc., peut, à raison de l'intérêt qu'elle trouvera à cette création, être considérée comme recueillant le bénéfice de la libéralité, l'objection tirée de l'art. 901 tombe d'elle-même : on donne à la personne morale chargée du service auquel se rapporte la fondation, pour les fonds être affectés par elle à cette fondation (1).

II Ce dernier aperçu nous amène à parler de nombreux établissements, de nombreuses associations qui, n'étant pas reconnus, n'existant que par tolérance sont, en pratique, l'objet de certaines dispositions, qui sortent à effet. Prenons par exemple, la sphère de la bienfaisance. Combien d'institutions privées fonctionnant sans aucune reconnaissance du gouvernement, et tous les jours instituées donataires ou légataires ! Le moyen consiste à considérer les pauvres qui ont toujours pu recevoir (art. 910) à les considérer comme les véritables bénéficiaires, à donner par suite à leur représentant légal le droit d'accepter. Le point de départ est l'art. 1156. Il faut s'attacher à l'intention plutôt qu'au sens littéral des mots. Eh bien, le legs fait à un asile, à une crèche qui ne sont pas reconnus profite en réalité à des enfants pauvres, à des vieillards abandonnés. Il profite à ceux-là plutôt qu'aux administrateurs de l'asile, c'est-à-dire qu'il s'adresse à un être collectif, les pauvres. Or, les pauvres sont capables de recevoir : ils ont comme tels, un représentant légal, dont nous parlerons plus loin. C'est lui qui acceptera la libéralité : on considérera les représentants de l'asile ou de la crèche comme étant, dans la pensée du testateur, des agents intermédiaires, des exécuteurs testamentaires. Le testament, sans doute, les porte comme devant recueillir les fonds. Mais les conditions illicites, sont réputées non écrites, il n'y a comme représentants des pauvres que ceux institués par la loi. La disposition sera non écrite, en ce qu'elle a d'illégal, à savoir la nomination d'un représentant qui n'a pas de caractère officiel : elle vaudra pour le reste, c'est-à-dire qu'elle restera un legs pur et simple en faveur des pauvres. L'art. 1157 confirme cette manière de voir : car interprétée *stricto sensu*, la disposition aurait été déclarée nulle, et, en cas de doute, c'est ce qu'il faut éviter (2).

(1) Reg. 7 nov. 1859, 59, 1, 611. — 2 mai, 1864, 64. 1, 263. — Demol. p. 590.
(2) Voir décret du C. d'État, 7 déc. 1858. — Legs d'une rente à la crèche de St-Philippe-du-Roule, établissement non reconnu.

Cette interprétation est-elle toujours fondée? le legs s'adresse-t-il plutôt à l'établissement dénommé qu'à la généralité ou à une catégorie de pauvres? question de fait essentiellement variable. Les héritiers peuvent toujours soutenir que telle n'était pas la volonté du défunt, qu'elle est violée, que par suite le legs est caduc. C'est leur droit inviolable, mais qui n'a pas toujours réussi. Car, je trouve un arrêt de cassation confirmant un arrêt de Caen et validant un testament ainsi conçu : « Je veux que tout ce que je posséderai à ma mort soit donné aux pauvres, deux tiers aux petites sœurs des pauvres, etc. » Celles-ci, n'étant pas une communauté autorisée, ne pouvaient recevoir. Mais pour valider une disposition utile et charitable, on dit que le legs n'était pas fait aux petites-sœurs, mais aux pauvres recueillis et soignés par elles, et on le fit accepter par le maire de Caen (1).

Du reste, il ne faut pas croire que, en pareille matière, le Conseil d'État se prononce à la légère. On trouve dans ses décisions deux éléments auxquels il semble particulièrement s'attacher. Ce sont d'abord les termes du testament. Ces termes peuvent aller directement contre l'interprétation ci-dessus. Il est dit, comme plus haut, que le legs sera caduc, s'il ne peut s'exécuter rigoureusement. Il est alors évident que le Conseil d'État ne peut substituer un légataire à celui désigné par le testament. C'est ensuite le caractère même de l'établissement. Il faut qu'il ait un caractère bien déterminé de bienfaisance publique. S'il reçoit par exemple, comme il arrive souvent dans nos villes, des subventions annuelles sur le budget municipal, cela lui donne la physionomie d'un établissement quasi communal et permet plus facilement de déclarer les pauvres institués (2). Si au contraire l'institution se consacre à des œuvres plutôt religieuses que charitables, on ne peut considérer le legs comme s'adressant aux pauvres.

M. Dufour cite pour exemple (3) l'œuvre de la Propagation de la foi et déclare nul le legs qui lui serait adressé. Sans doute cette œuvre a plutôt un caractère religieux, mais nous allons voir que, dans cette sphère aussi, la même interprétation fait des progrès et, pour ma part, il me semble que ce legs pourrait être valablement accepté par les institutions reconnues qui tendent au même but qu'elle, comme, par exemple, le séminaire des Missions étrangères, l'association des Lazaristes, celle des prêtres du St-Esprit.

Cette interprétation du Conseil d'État n'est pas, en effet, restée exclusive à la bienfaisance publique. Nous verrons que dans la sphère du culte, la fabrique est la personne morale la plus importante. Mais, à côté d'elle il y a de nombreuses associations, telles que confréries, conférences de St-Vincent de Paul, œuvres de la Propagation de

(1) Caen. 27 févr. 1851, Cassat, 6 nov. 1855.
(2) (Voir dans ce sens plusieurs avis C. d'État, 13 mars. 1852. — 3 janv. 1859 — 21 juillet 1853).
(3) Dufour, t. V, n° 368.

la foi, etc., etc. Ces dernières associations de personnes pieuses s'occupent des différents soins du culte. Si une libéralité leur est adressée, faut-il l'annuler, parce qu'elles ne sont pas reconnues. Non, dirai-je comme précédemment, parce que (art. 1157) il faut interpréter l'acte dans le sens où il peut produire quelque effet. La confrérie disparaît juridiquement derrière la grande personne morale du culte catholique, la fabrique. L'intention du fondateur a été d'étendre le culte desservi par la confrérie, dont il faisait partie. La fabrique peut se prétendre légataire pour le culte aussi bien que la commune ou le bureau de bienfaisance pour les pauvres. Elle pourra demander l'autorisation d'accepter. C'est en suivant cette interprétation large et intelligente inaugurée par le Conseil d'État, en matière de libéralités charitables, que le tribunal d'Avignon a déclaré il y a quelques années, que le legs d'une somme de 1000 fr. à charge de faire dire vingt messes par an, fait à la congrégation de la Ste-Vierge à la paroisse St-Pierre, était censé fait en faveur de la fabrique elle-même de cette paroisse (1). Une année auparavant un décret en Conseil d'État (2) autorisait la fabrique de l'église de Pierrelatte (Drôme) à accepter les legs fait par le sieur Marchon à diverses confréries de cette ville.

Nous dirons donc en nous appuyant sur cette jurisprudence : lorsqu'une association se rattache par un point quelconque, à l'administration fabricienne, elle peut, suivant les cas, être considérée comme auxiliaire de la fabrique. On comprend l'importance de cette nouvelle pratique. La plupart des œuvres se rattachent par le but de leur institution à des établissements reconnus, dont les représentants pourront être appelés à accepter les libéralités qui leur sont faites. Mais quels seront les droits de l'établissement non reconnu ? Pourra-t-il exiger qu'on se serve de leur intermédiaire ? Non, en droit strict, puisqu'il ne peut agir, n'étant pas un être collectif. Le décret d'autorisation lui-même ne le nommera pas toujours. Mais en fait la personne morale chargée d'accepter s'empresse de donner aux fonds la destination indiquée. Agir autrement serait s'exposer à des procès de la part des héritiers qui ne manqueraient pas de faire révoquer le legs pour inexécution des conditions (art. 954).

III. Telles sont les modifications apportées au principe de la nullité proclamé par l'art. 911, auquel nous revenons en disant qu'on a essayé de le violer par les moyens que nous connaissons, dons manuels, libéralités déguisées. Ce que nous avons dit plus haut de ce chef s'applique surtout aux établissements non reconnus, et parmi eux c'est principalement aux congrégations religieuses que l'application en a été faite. Je ne reviendrai pas sur les moyens de preuve admis pour prouver l'interposition. Mais sur ce point spécial se pré-

(1) Tribunal d'Avignon, 6 Janvier 1871, affaire Dornan, de Carpentras, contre la fabrique de St-Pierre.
(2) Décret, 31 Janvier, 1873, Journal des fabriques, 1873.

sénte ici la question de savoir si le seul fait d'appartenir à une communauté laïque ou religieuse ne constitue pas une présomption suffisante d'interposition. On décide généralement que non. L'art. 911, en effet, est limitatif. Tous les citoyens, religieux ou laïques, ont les mêmes droits : l'égalité devant le code, voilà notre principe, auquel il faut toujours se rattacher. La loi française ignore les vœux monastiques. Sous la robe du moine il y a le citoyen, et tout citoyen qui jouit de ses droits peut recevoir entre vifs ou par testament. La jurisprudence est formelle sur ce point (1).

— La grande objection est celle-ci : Mais alors, dit-on, les congrégations non autorisées auront une situation préférable à celle des congrégations autorisées : chaque membre, en effet, fera un testament en faveur d'un ou de plusieurs membres, qui, à leur tour, transmettront de la même manière ce qu'ils ont reçu eux-mêmes. Point de refus d'accepter, point de réduction possible. Mais c'est un scandale trouvant sa récompense dans la violation de la loi !

Nous n'avons pas ici à prendre parti pour ou contre les congrégations non autorisées si violemment attaquées à cette heure. La question juridique seule nous intéresse. Or, ne voit-on pas que la situation des associations non reconnues est extrêmement précaire. On les menace tous les jours de leur appliquer le fameux décret de messidor an XII. Au contraire, l'existence de celles qui sont autorisées est singulièrement garantie, pour ne pas dire assurée par le décret d'autorisation ou la loi même qui les a reconnues. En outre les premières ne sont-elles pas exposées à l'infidélité de leurs membres et aux réclamations de leurs héritiers ? N'a-t on pas vu en 1857, Madame de Guerry quittant la communauté de Picpus dont elle était supérieure, emportant avec elle la fortune de la communauté ? Le procès fit grand bruit. M. Émile Ollivier soutint la demande ; Berryer la combattit. La Cour de Paris donna raison à Madame de Guerry (1). Est-ce qu'il n'y a pas là une preuve que les établissements reconnus sont dans une meilleure situation ? A ceux-ci, en effet, peut importe que leur fondateur décède ou se retire ; ni lui, ni ses héritiers n'ont rien à prétendre : les biens ne lui appartiennent pas, ils ne reposent pas sur sa tête, ils appartiennent à l'être fictif, à la personne morale.

La situation des congrégations non autorisées n'est donc point préférable et par suite tombe ainsi le motif invoqué pour sortir du droit commun et présumer l'interposition de personnes dans l'espèce que nous examinons. Là, comme ailleurs, les intéressés devront prouver l'interposition.

Disons enfin que, même pour les congrégations religieuses, l'interprétation d'un testament telle que nous l'avons exposée ci-dessus peut être raisonnablement faite toutes les fois que l'établissement non reconnu est une dépendance d'un autre établissement autorisé. C'est ainsi qu'une libéralité peut être faite à une école privée tenue dans

(1) Cass. 15 avril 1863. 63. 1. 353. — Nîmes, 11 janv. 71-73 2-11.
(2) 8 mars 1858-58 2-5)

une commune par des religieux qui font partie d'une congrégation reconnue. C'est la congrégation elle-même qui est autorisée à accepter au profit de l'école tenue par elle dans telle localité. On présume que le testateur a voulu gratifier la maison-mère en s'adressant à la succursale (1). C'est une autre application de la théorie précédemment exposée.

CHAPITRE X

I. Libéralités faites à une personne morale pour un service public en dehors de ses attributions. — II. Variations de la jurisprudence jusqu'à nos jours ; avis du conseil d'État des 6 mars et 30 juillet 1873.

L'étude que nous faisons des principes communs à toutes les personnes morales serait incomplète, si nous n'examinions le cas où la libéralité s'adresse à un établissement en vue d'un service qui ne rentre pas dans ses attributions. Notre organisation administrative est ainsi faite que chaque personne morale reconnue par la loi répond à un service public. Il n'y a point de service qui n'ait son organe légal. Nous le comprendrons mieux encore dans notre seconde partie. En fait, les libéralités ne se font que pour un petit nombre de services, qui sont la bienfaisance, l'enseignement, le culte. *Quid juris* si le don ou le legs est fait à un établissement qui n'est point spécialement chargé d'assurer le service public, objet de la disposition? Cet établissement peut-il recevoir ? Cette question se rattache à un point de vue d'ensemble, la capacité de recevoir des personnes morales.

On peut dire : Voyez, la personne morale est une fiction. Elle s'explique par un service déterminé en vue duquel elle est établie. Mais une fiction est essentiellement circonscrite aux besoins qui la justifient. Les biens qu'elle reçoit sont affectés et ne peuvent être affectés qu'à ces besoins, en dehors desquels les personnes morales restent incapables.

Ce système n'est pas fondé, ou plutôt il faut ne pas confondre deux idées bien distinctes : d'une part, la capacité civile de l'établissement, d'autre part le pouvoir appréciateur de l'autorité en matière d'autorisation. L'établissement est-il capable en droit de recevoir pour telle destination ? cela constitue une question de droit commun, qu'il faut résoudre avec les principes et les textes du code. Y a-t-il lieu d'autoriser dans ces circonstances l'établissement institué ? c'est une question de pratique administrative variant avec les faits et circonstances.

(1) Voir 17 juillet 1856, Chambres réunies ; 11 mars 1865, 65, 2, 227. — Trochon, p. 227. — Demol., 587. — Aub. Rau, § 649.

Voyons d'abord la question de capacité. Elle ne nous paraît pas douteuse. Les articles 910 et 937 sont généraux dans leurs termes. L'ordonnance du 2 janvier 1817 ne l'est pas moins. Il faudrait une restriction à ces textes : elle n'existe pas, et ce n'est pas un oubli. Rapprochons l'art. 910 des art. 217 et 463. Ces trois textes ne créent pas une capacité bornée, se mouvant dans un cercle déterminé, pour un but exclusif de tout autre. Ils exigent seulement une autorisation.

Mais cette autorisation ne donne pas la capacité : elle en règle seulement l'exercice. Cette large conception des textes a servi de base à la Cour de Cassation, juge suprême des questions de capacité, pour reconnaître la capacité des établissements religieux à recevoir des libéralités scolaires, aucune disposition de ce genre n'étant défendue par un texte (1).

Reste alors la question d'autorisation. Mais combien elle se sépare de la première ! Vous voulez disposer en faveur d'un établissement religieux pour la fondation d'une école. En droit, c'est parfaitement valable. Et, par suite, contrairement à la doctrine enseignée plus haut, les héritiers ne peuvent pas venir devant les tribunaux demander la nullité du legs pour cause d'incapacité, parce qu'il ne rentre pas dans la compétence de l'établissement institué. On répondrait victorieusement par les art. 910, 937 et l'ordonnance du 2 janvier 1817. Mais le gouvernement, lui, sollicité de donner l'autorisation d'accepter croit devoir refuser, parce que, dira-t-il, il faut maintenir chaque corps dans ses attributions respectives. C'est son droit absolu, devant lequel nous devons nous incliner.

II. Tenant ce droit pour l'administration, celle-ci, ne voulant pas tarir la source des libéralités, s'est trouvée très-embarassée. Elle a donné l'autorisation d'accepter, mais elle a modifié l'acte de disposition : elle a cru pouvoir associer au bénéfice de la libéralité un tiers dont le donateur n'avait point parlé et dont il est permis de croire qu'il ne voulait à aucun prix. Cette pensée de conciliation a revêtu diverses formes. En 1837, il s'agit de savoir si la fabrique de Courthézon (Vaucluse) pourra recevoir la donation Jamet en vue de l'établissement d'une école. Un avis du Conseil d'État du 12 avril 1837, généralisant la question, décide que la fabrique doit être considérée comme n'ayant pas été nommée, le legs accepté purement et simplement, et le bénéfice transporté à la commune chargée du service de l'enseignement. N'était-ce pas violer brutalement la volonté du testateur ? On le comprit, et un avis du conseil d'État, du 4 mars 1841, dans une autre espèce, décidait qu'il convenait d'autoriser simultanément et conjointement les deux établissements, celui nommé et celui qui ne l'était pas et dans lequel rentrait le service gratifié. C'est le système de l'acceptation conjointe. Un nouvel avis du 26 décembre 1846, disait que ce système donnait au représentant légal du service public gratifié non par un droit de propriété quelconque, mais

(1) 18 mai 1852 — 5 mai 1876-57. 1. 37.

seulement un droit de surveillance sur l'emploi de cette libéralité. Pour conserver trace de cette destination, il était rappelé, par une mention sur l'inscription de rente achetée au nom de l'établissement institué, que le capital de la rente provenait d'un legs fait à cet établissement pour une destination déterminée. Tout cela ne disait pas quels seraient au juste les droits de l'établissement institué.

Ces lacunes furent comblées par les avis du C. d'État, 21 janv. juin 1861, 22 nov. 1865, qui, déduisant les conséquences rigoureuses d'une acceptation conjointe, décidèrent que l'établissement bénéficiaire non dénommé au testament avait le droit de figurer dans l'immatriculation des rentes constituées et devait recevoir la garde, la constitution des titres de rente ou de propriété, ainsi que la perception des revenus. Quant à l'établissement nommé dans le testament, il recevait seulement les arrérages et revenus une fois perçus

Cette jurisprudence administrative était-elle juridique? Nullement. Dans son principe elle partait de cette idée, que l'établissement dénommé n'avait pas la capacité nécessaire. Mais alors l'avis de 1857 était plus conséquent en refusant l'acceptation. On ne peut jamais en effet, en droit civil, valider une libéralité faite à un incapable en lui adjoignant par mesure administrative un tiers capable dont le testateur n'a point parlé. Même au point de vue administratif, cette décision constituait un excès de pouvoir, parce qu'elle était attributive de propriété au profit de tiers tacitement exclus et que l'autorité administrative n'a jamais eu compétence pour trancher une question de propriété.

Aussi les tribunaux et les cours protestèrent-ils contre cette doctrine. Un arrêt de 1852 reconnut aux fabriques, aux cures, aux établissement religieux le droit de recevoir des dons et legs en faveur des pauvres. Un arrêt de Grenoble, du 5 juillet 1869, reconnut aux évêques capacité de fonder et de diriger des Écoles. Un arrêt d'Angers, du 28 mars 1871, reconnaissait le même droit à une fabrique. Devant ces résistances, le C. d'État a dû céder, et les avis de principe des 6 mars et 30 juillet 1873, faisant cesser le conflit entre la jurisprudence administrative et celle des tribunaux, ont reconnu aux établissements ecclésiastiques ou religieux la capacité de recevoir des dons et legs destinés soit aux écoles, soit aux pauvres.

C'est là, notons-le, la reconnaissance d'un droit capital. Si ces deux genres de fondations, les écoles et les pauvres, ont servi de matière pour trancher cette question délicate, relative aux attributions de chaque personne morale, c'est que, nous l'avons dit, les services de l'instruction, des pauvres et du culte sont ceux auxquels s'adressent de préférence les libéralités. Mais le principe doit se généraliser. Il a sa base dans une question de capacité, et cette question résolue comme nous l'avons dit ne saurait l'être en faveur d'une ou de deux personnes morales seulement. Je renvoie en effet aux termes de la question posée au C. d'État en 1841, termes qui comprenaient tous les établissements sans distinction, — ainsi qu'aux considérants des deux avis de 1873. Ils ont une portée générale.

J'ai dit que les deux avis de 1873 reconnaissaient la capacité générale des personnes morales. Cependant ils n'ont pu se décider à abandonner complètement les anciens errements. Il y a dans cette réforme un reste de timidité. Ces deux avis en effet, que nous retrouverons pour les étudier encore mieux, car ils sont comme des monuments de jurisprudence, ces deux avis de 1873 font intervenir la commune dans une fondation qui a pour but le service de l'enseignement et de l'aumône, et cette intervention se manifeste en ce que le maire *est autorisé à accepter le bénéfice du legs et a le droit d'exiger un duplicata du titre.* Plus d'acceptation conjointe, plus d'immatriculation, mais intervention de l'établissement chargé spécialement du service gratuit. Tous les décrets que nous verrons sur les legs de cette nature, sont conçus dans cette forme.

Que dire de cette intervention ? nous n'hésitons pas à dire qu'elle est regrettable. L'administration a le droit d'autoriser ou de refuser. Qu'elle use de son droit comme elle l'entendra : mais qu'elle ne prenne pas un parti moyen où elle semble vouloir ménager des personnes morales, qui, d'après le testament, sont hors de cause. Sans doute cette intervention de la commune représentée par le maire est purement platonique, le droit de celui-ci étant seulement de s'assurer que le capital est conservé, que le revenu est inscrit avec sa destination au budget de l'établissement. Oui, c'est là une mesure assez inoffensive. Mais alors elle est inutile. Pourquoi donc l'édicter ? Elle est contraire au principe de la capacité absolue des personnes morales. En outre le droit de tutelle est exercé par le pouvoir supérieur : aucun texte ne permet cette délégation a un pouvoir inférieur et local. Il est dangereux d'autre part de laisser des établissements conserver les uns sur les autres une sorte de défiance réciproque. Tous devant concourir à la bonne administration, les services publics qu'ils représentent marcheront d'autant mieux que chacun d'eux pourra se mouvoir plus librement dans une sphère consacrée par le décret d'autorisation. Enfin donner un adjoint plus ou moins surveillant à la personne morale qu'un disposant a choisie comme dépositaire de ses désirs, c'est ajouter au testament. Que l'administration refuse, réduise la libéralité, libre à elle. Mais, si elle l'autorise, qu'elle entre plus franchement dans la nouvelle voie et ne paraisse pas donner d'une main et retirer de l'autre. Le principe de capacité existe ou n'existe pas ; s'il existe, il faut en accepter toutes les conséquences : après tout, les dons et legs en faveur des personnes morales ont, en dehors de leur but spécial, un but général d'utilité publique : laissons les fondateurs libres de choisir, sous la réserve du respect à l'ordre public et des conditions licites, les personnes morales qui leur paraîtront les plus dignes de traduire leurs généreuses pensées.

DEUXIÈME SECTION

Des règles spéciales à chaque personne morale en particulier, instituée donataire ou légataire, soit directement soit en vue du service public, dont elle est l'organe.

SOMMAIRE

I. Des dons et legs en faveur des personnes morales, organes des intérêts généraux. — De l'État. — Du département. — De la commune.

II. Des dons et legs en faveur du Service de la bienfaisance publique

1° Des hospices et hôpitaux, des bureaux de bienfaisance, donataires ou légataires.

2° Des fondations charitables ou dons et legs en faveur des pauvres.

III. Des dons et legs en faveur du Service de l'enseignement.

1° Des établissements d'instruction, donataires ou legataires. — Établissements universitaires. — Écoles libres.

2° Des fondations scolaires.

IV. Des dons et legs en faveur du Service du culte.

1° Des établissements ecclésiastiques, donataires ou légataires.

2° Des fondations pieuses ou legs pies.

3° Des dons et legs en faveur des congrégations religieuses autorisées. — Conclusion générale

---

CHAPITRE PREMIER

Des dons et legs en faveur des personnes morales, organes à différents degrés des intérêts généraux.

I. De l'État. — II. Du département. — III. De la commune. — Du pouvoir compétent pour les autoriser à accepter.

I. De l'État. — L'État personnifie les intérêts généraux de l'ensemble des citoyens français. Il est comme la grande personne morale au milieu de laquelle vivent toutes les autres. Il détient un double domaine, le domaine public, le domaine privé. Du premier, l'État est plutôt détenteur que propriétaire : il le gère pour en retirer dans l'intérêt collectif la plus grande somme d'utilité possible. Du second il est vraiment propriétaire, comme le serait un particulier. En cette qualité il peut être appelé à jouer le rôle de donataire ou de légataire. Théoriquement, il est soumis à la formalité de l'autorisation, mais en réalité, l'autorisation se confond ici avec l'acceptation qui, a lieu sous la forme d'un décret en Conseil d'État, quelque minime que soit la libéralité, et alors même qu'il n'y a ni affectation immobilière, ni réclamation de la famille. Lorsque le don ou le legs regarde directement l'État, et non une branche particulière de l'administration, il est accepté par le Ministre des finances. Ces sortes de libéralités sont excessivement rares, parce que le disposant affecte sa libéralité à un service public, représenté par tel ou tel département ministériel. Donc, le plus souvent l'acceptation est faite par l'un des ministres, chacun suivant ses attributions. Ainsi, le Ministre de l'Intérieur interviendra dans l'acceptation des libéralités faites aux pauvres, pour être distribuées par les soins d'un établissement qui s'étend sur plusieurs départements (1). Le Ministre de l'Instruction publique acceptera le don adressé à la Bibliothèque nationale, aux facultés de l'État. Le Ministre de l'Agriculture celui fait à la société centrale des agriculteurs de France. Le Ministre de la Guerre, toutes les libéralités faites à l'armée, etc., etc. (2).

A l'État se rattachent plusieurs personnes morales importantes, tels que établissements centraux de bienfaisance, asiles d'aliénés, ayant à leur tête un directeur et une commission consultative. Celle-ci délibère s'il y a lieu d'accepter, et c'est le ministre compétent qui accepte. Dans les décrets d'autorisation en faveur de l'État

(1) Avis C. d'Ét. 15 fév. 1837.

(2) Ord. 27 déc. 1842. Donation de Feuchères. — Du 10 déc. 1845. Donation du duc d'Aumale à l'armée d'Afrique.

ou des établissements qui s'y rattachent, l'art. 1 de l'ord. de 1817 s'applique, c'est-à-dire que le Conseil d'État « détermine, pour le plus grand bien des établissements, l'emploi des sommes données et prescrit la conservation et la vente des effets mobiliers, lorsque le disposant aura omis d'y pourvoir. » Mais l'art. 5 de cette ordonnance s'applique-t-il? Pourquoi pas? Le notaire dépositaire d'un testament contenant un legs au profit de l'État n'aura qu'à donner avis aux représentants de l'État dans le département, c'est-à-dire au préfet, d'après l'art. 69, C. pr.

II. Du Département. — Circonscription administrative, reconnue définitivement comme personne morale par décret du 9 avril 1811, il a comme l'État un domaine public et un domaine privé. Celui-ci comprend les édifices affectés au service de l'administration, des cours, tribunaux, instruction publique, prisons, les meubles de ces édifices, des créances et des rentes, des immeubles non affectés à un service public et dont le département recueille les revenus. Il peut augmenter son patrimoine par des acquisitions à titre onéreux, soumises à certaines formalités. Il le peut aussi par des acquisitions à titre gratuit. Quel sera le pouvoir chargé de donner l'autorisation et chargé d'accepter?

D'après la loi du 10 mai 1838, art. 31, l'acceptation des dons et legs faits au département ne pouvait être autorisée que par ordonnance royale, le Conseil d'État entendu. Le décret du 25 mars 1852, sur la décentralisation administrative transporta au préfet le droit d'approuver ou de réformer la délibération du Conseil général, lorsque le don ou le legs était sans charge ni affectation immobilière et ne donnait pas lieu à réclamation. La loi de 1866 sur les attributions des Conseils généraux appliquant la vraie décentralisation avait substitué le Conseil général au préfet dans les cas où celui-ci avait le droit de décision. Le législateur du 10 août 1871, a pensé qu'il fallait entrer plus avant dans cette voie.

Art. 46, de la loi du 10 août 1871. — Le Conseil général statue définitivement sur les objets ci-après désignés..... 5° acceptation ou refus des dons et legs faits au département quand ils ne donnent pas lieu à réclamation.

Voilà donc le Conseil général souverain juge dans bien des hypothèses. C'est naturel. Personne n'était plus à même que cette assemblée de juger si les charges en affectations immobilières attachées au legs sont de nature à grever d'une manière onéreuse le budget départemental. En effet, la nouvelle loi donne compétence à peu près absolue au Conseil général, sur tout ce qui touche à la fortune du département; c'eût été anormal de restreindre sa compétence dans ce cas particulier.

Les réclamations dont parle l'art. 46 ne sont pas celles qui seraient fondées sur la loi et qui ouvriraient un moyen de nullité, mais celles qui seraient fondées sur la situation financière de la famille. Nous savons, en effet, que les premières ne peuvent être portées que devant l'autorité judiciaire. Nous retrouverons cette expression prise dans le même sens, pour les communes et établissements civils ou religieux.

Le préfet, représentant né du département (art. 53), accepte la libéralité : il peut l'accepter provisoirement en attendant la décision du Conseil général ou du gouvernement.

Mais pourquoi la réclamation des familles enlève-t-elle au Conseil général le pouvoir de décision propre ? Tout simplement parce qu'on ne peut être juge et partie dans sa propre cause. La réclamation des familles soulève une sorte de conflit entre les intérêts départementaux et les intérêts particuliers. Le pouvoir supérieur sera plus désintéressé pour en apprécier la valeur. Le Conseil général du reste, sera appelé à donner son avis, dans lequel il pourra réfuter les griefs invoqués

Comme personne morale se rattachant au département, et devenant quelquefois l'objet de dons et legs, il faut mentionner les chambres consultatives d'agriculture, réorganisées par le décret du 25 mars 1852. Elles représentent, dans chaque département, les intérêts agricoles. L'art. 10 de ce décret les reconnaît formellement comme établissements d'utilité publique. Elles pourront donc acquérir à titre gratuit. Mais dans chaque département il y a aussi une Société d'Agriculture, des comices agricoles. Quelques-unes de ces associations se font reconnaître comme établissements d'utilité publique et peuvent ainsi être instituées légataires ou donataires. Mais la plupart de ces sociétés sont autorisées à se réunir, sans avoir la personnalité juridique. Or, des dons et legs peuvent être faits dans leur intérêt. Faudra-t-il les annuler comme faits en faveur d'établissements non reconnus ? Je ne le pense pas, et j'inclinerai, pour ma part, à étendre ici le raisonnement suivi dans nos principes généraux et à dire : Le donateur a voulu favoriser les intérêts agricoles. Ces intérêts ont un représentant officiel, qui est la Chambre consultative d'agriculture. C'est elle qui sera autorisée à accepter. Mais pour respecter les intentions du disposant, elle laissera à la Société légataire, la mission de distribuer et d'utiliser selon les intentions du disposant, la somme, les objets légués, le prix fondé par lui (1).

L'arrondissement n'est pas une personne morale : nous dirons de même qu'il ne faut pas que des libéralités faites en faveur de l'arrondissement soient déclarées nulles comme s'adressant à des personnes non existantes. Le Conseil général devra accepter, au nom du département, en se réservant d'affecter le montant de la libéralité soit aux besoins de l'arrondissement, donataire véritable, soit aux besoins des communes qu'il renferme. C'est toujours l'application du principe qu'il faut donner autant que possible satisfaction à la volonté du disposant. Ce système, suivant nous, devrait aussi être

(1) V. circul., 12 avril 1851.

suivi pour les dons et legs faits au canton, qui n'est pas davantage une personne morale.

III. DE LA COMMUNE. — La loi du 10 juin 1793 définit la commune : « Une société de citoyens unis par des relations locales. » A la différence, en effet, du département et des autres divisions territoriales la commune n'est pas une création arbitraire. Elle repose sur une collection d'habitants qui ont au même lieu des intérêts communs, des traditions, des lieus de familles, le siège de leurs affaires. Ce caractère qui leur est particulier explique pourquoi les communes, maintenues par l'Assemblée nationale sur les bases des anciennes paroisses, affirmèrent et développèrent leur personnalité juridique sous la période révolutionnaire, malgré les haines amassées pendant le XVIIIe siècle contre les gens de main-morte. Ce même caractère explique pourquoi les communes sont plus souvent que le département et surtout que l'État l'objet de libéralités. Elles sont une réunion de foyers et de patrimoines entre lesquels existe une certaine solidarité. Chacun de nous tient au lieu où il est né, où il a passé sa vie, par quelque chose de plus qu'un lieu purement légal ou administratif. Après nos parents et nos amis, notre souvenir se tourne naturellement du côté de nos concitoyens.

Nous n'avons pas le loisir d'exposer ici l'origine si discutée des communes françaises, et de la constitution du patrimoine communal : on sait que ce patrimoine comprend, à côté des biens du domaine public, des biens communaux proprement dits, abandonnés en jouissance aux habitants de la commune, et des biens patrimoniaux qui sont affermés à des particuliers au profit de la caisse communale. C'est ce patrimoine privé qui s'augmente de tous les dons et legs faits à la commune.

D'après l'art. 910, une commune ne pouvait accepter un don ou un legs qu'en vertu d'un décret impérial.

L'ordonnance du 2 avril 1817 apporta une exception pour les dons et legs d'argent et d'objets mobiliers. Le Préfet pouvait autoriser leur acceptation, pourvu que leur valeur n'excédât pas 300 fr. Ce chiffre fut porté par la loi de 1837, à 3,000 fr., lorsqu'il n'y avait pas réclamation des familles. Enfin le décret du 25 mars 1852, augmenta considérablement la compétence du Préfet. (*Tableau A, n° 42... .*) *Les préfets statueront désormais sur.... dons et legs de toutes sortes de biens, lorsqu'il n'y aura pas réclamation des familles.* Mais la vraie décentralisation transporte aux corps électifs les attributions du pouvoir exécutif. Ce que la loi de 1866 avait fait pour les départements, celle de 1867 le fit pour les communes.

Art. 1, § 9 de la loi du 24 juillet 1867. — « Les conseils municipaux règlent par leurs délibérations..... l'acceptation ou le refus des dons et legs faits à la commune sans charges ni affectations immobilières, lorsque les dons et legs ne donnent pas lieu à réclamation »

Ainsi dans certains cas le Conseil municipal sera juge souverain. Mais, ajoute l'article : « *En cas de désaccord entre le maire et le Conseil municipal, la délibération ne sera exécutoire qu'après approbation du préfet.* »

Cette dernière restriction met le Conseil municipal dans une situation bien différente de celle du Conseil général. Le Conseil général, en effet, règle définitivement la question, peu importe l'accord ou le désaccord avec le Préfet. En outre, il statue, qu'il y ait ou non des charges ou affectations immobilières, tandis que le Conseil municipal ne statue que s'il n'y a pas réclamation, et en outre s'il n'y a ni charges ni affectations immobilières et aussi point de désaccord entre lui et le maire.

En l'état il doit-être statué :

1° Par un décret du chef de l'État, quand il y a soit réclamation de la famille, soit charges, conditions ou affectations immobilières. (Décret du 25 mars 1852, tableau A, n° 12, et art. 9 de la loi du 24 juillet 1867).

2° Par une délibération du Conseil municipal quand aucune de ces circonstances ne se rencontre (loi de 1867, art. 1.)

3° Enfin s'il y a désaccord entre le maire et le Conseil, je ne crois pas que le préfet ait le droit de se substituer au Conseil municipal. Il n'a que le droit d'empêcher l'exécution de la délibération. Nous avons dit, en effet, plus haut que l'autorité ne pouvait pas, d'après nous, substituer sa volonté à celle des personnes morales délibérant dans les limites de leur compétence. Sur ce point spécial nous avons la déclaration faite au Corps législatif. Un député ayant combattu la toute-puissance du maire en cette matière, M. Vuitry répondit qu'il n'y avait là qu'un droit de veto et M. Rouher ajouta : « Le préfet peut refuser d'approuver une délibération : mais il ne peut pas substituer sa volonté à celle du Conseil municipal. »

Quoi qu'il en soit, il y a de l'incohérence dans cette législation. Les conseils municipaux devraient, comme les Conseils généraux, avoir plein pouvoir, toutes les fois qu'il n'y a pas réclamation des familles. On a pensé que la tutelle devait continuer à leur égard, lorsqu'il y aurait charges ou affectations immobilières.

En supprimant cette restriction on aurait mis plus d'harmonie dans le système de la décentralisation départementale et communale. Le Conseil municipal délibère sur son budget comme le Conseil général ; il est donc à même de savoir si une libéralité lui est onéreuse. Quant au droit de veto, il s'exercera rarement, la nomination des maires appartenant dans le plus grand nombre des communes aux Conseils municipaux.

L'application de ces règles souffre un tempérament, lorsque les libéralités sont connexes. Cette connexité, dont nous avons dit un mot se présente surtout à propos des communes. Tel est le legs d'une maison fait à une commune pour servir de presbytère, le legs d'un terrain à une fabrique pour en faire le cimetière de la commune. Nous verrons que les dons et legs en faveur des fabriques doivent en principe être autorisés par le Conseil d'État. Dans cette hypothèse, lorsque le même acte contient des libéralités dont l'acceptation ne peut être autorisée que par le gouvernement, c'est à celui-ci qu'il appartient de statuer par une décision d'ensemble, sur ces dernières dispositions ; le préfet et le Conseil municipal excéderaient leurs pouvoirs en se prononçant sur celles qui, considérées isolément, rentreraient dans leur compétence (1).

La section de commune constitue au sein de la commune elle-même, une personne morale, qui peut être l'objet de donations ou de legs; mais comme elle n'a pas de représentants spéciaux, si ce n'est lorsqu'elle plaide contre la commune ou une section, la libéralité faite en sa faveur sera acceptée par le Conseil municipal et le maire de la commune.

CHAPITRE II

Des dons et legs en faveur du service de la bienfaisance publique.

L'organisation du service de la bienfaisance publique a toujours attiré l'attention de nos législateurs. Est-ce à dire que la Société ait le devoir de procurer à tout homme les moyens de vivre ? Le socialisme l'enseigne. Mais cet enseignement est un paradoxe qui n'aura jamais dans la pratique sa réalisation. La Convention en a tenté l'essai en déclarant, nous l'avons dit, tout indigent créancier de l'État; la République de 1848 l'a renouvelé sous une autre forme par la création des ateliers nationaux. Ces deux essais ont misérablement échoué. La puissance d'une société se mesure à la force d'initiative des individus qui la composent. Tout homme doit avoir le sentiment de son individualité Or si la société assurait à tout homme le pain de chaque jour, l'initiative, l'activité de l'individu disparaîtrait : on tuerait dans son germe le principe le plus fécond de vie et de progrès.

Mais à côté de cette doctrine absolue que nous repoussons, il y a place pour le service de la charité soulageant des malheurs inévitables. Il y aura toujours des enfants abandonnés, des malades, des infirmes, des vieillards sans soutien, de malheureux ouvriers jetés sur le pavé. Là où les efforts individuels sont impuissants, la société doit intervenir. Et son intervention se manifeste par ces admirables établissements de charité, où chaque douleur trouve un soulagement, chaque besoin sa légitime satisfaction. Les dons et

(1) Voir avis C. d'État, 27 décembr. 1835, dans Dufour, t. V. p. 410. — C. d'État 15 décemb. 1865, 66, 3, 86, 10 mars 1858-68, 3, 93.

A ce point de vue le choix d'un ecclésiastique s'impose à l'autorité et aux conseils généraux. Cette réserve faite, le système nouveau marque un progrès réel.

Les commissions administratives représentent donc les hospices et hôpitaux. C'est dans leur sein que nous trouvons la personne chargée d'accepter les dons et legs. C'est le président de la commission elle-même. Celle-ci devra d'abord prendre une délibération, qui sera soumise à l'avis du conseil municipal (art. 9, loi du 7 août 1851), pour le tout être adressé à l'autorité compétente. Dans l'intervalle, il y aura lieu d'accepter provisoirement (art. 11).

Quelle est l'autorité compétente ? Nous retrouvons ici les mêmes variations que ci-dessus.

L'art. 910 pose le principe. Il faut un décret du chef de l'État. Mais l'ordonnance de 1817 remet au préfet pouvoir d'autoriser dons et legs d'objets mobiliers n'excédant pas 300 fr. Le décret du 25 mars 1852 étend la compétence du préfet aux libéralités qui, faites en faveur de tous établissements départementaux ou communaux, ne donnent lieu à aucune réclamation. (Tableau A, n° 12).

Nous dirons donc : Y a-t-il réclamation des familles ; il faut un décret. N'y a-t-il pas réclamation, un arrêté préfectoral suffit, alors même qu'il y aurait charges, conditions, affectations immobilières. Enfin, dans le premier cas, si la valeur de la libéralité excède 50,000 fr., l'autorisation devra toujours être donnée par décret rendu en assemblée générale du Conseil d'État (1).

II. Dans quelles formes se produisent ordinairement les libéralités aux hospices? Dans l'ancien droit, c'était sous la forme de fondations de lits. On donnait à l'hospice un fonds destiné à la subsistance du pauvre et on se réservait le droit de choisir le sujet auquel il serait appliqué. Aujourd'hui encore les fondations de lits sont fréquentes. On peut voir dans les hospices, sur les plaques de marbre qui conservent le souvenir des bienfaiteurs, que les dispositions les plus nombreuses consistent en fondations de lits. Ce sont là de véritables donations ou legs régis par les règles ordinaires (2). Mais il peut arriver que la somme léguée soit insuffisante pour le nombre de lits fondés. L'hospice refuse alors. Si donc les héritiers ne veulent pas fournir le complément ou restreindre le nombre de lits, le legs devient caduc. Mais le plus souvent la commune intervient pour fournir le complément nécessaire. Les héritiers ne sont dès lors plus fondés à s'opposer à la délivrance du legs : l'hospice est en mesure de remplir les conditions imposées.

Les hospices sont aussi appelés à recueillir des libéralités avec fondations de services religieux. Si une église particulière est désignée, le legs sera accepté par l'hospice légataire, et la fabrique, suivant la jurisprudence la plus récente, sera autorisée à accepter le béné-

(1) Décret réglement. 21 août 1872. — Art. 5.
(2) Arrêté du 16 fructidor, an XI, art. 6.

fice du legs. A défaut de désignation de l'église, la fondation sera acquittée dans la chapelle de l'hospice ou dans toute autre église indiquée par la commission administrative.

Parmi les donations faites aux hospices, il peut y en avoir dont le but principal soit l'admission des donateurs dans ces établissements. Ces sortes de libéralités doivent-elles être autorisées ? Il faudrait, je crois, distinguer. Si l'acte revêt la forme d'une donation entre-vifs, les art. 910 et 937 s'appliquent. Si l'acte est fait sous la forme d'un contrat de rente viagère, c'est un contrat synallagmatique comme tout autre, et l'autorisation d'accepter devient inutile (1).

Rappelons enfin que le legs fait pour la fondation d'un hospice n'est pas nul comme fait au néant. Il y a une personne morale, naturellement indiquée, qui doit accepter conformément à ce que nous avons dit précédemment. Je veux parler de la commune représentée par le maire, acceptant, tant au nom de cette commune qu'au nom des pauvres. Mais il arrivera souvent que la création de l'établissement sera autorisée par un décret collectif en même temps que la libéralité. Il y a lieu dès lors de provoquer à la fois l'acceptation de la commission administrative, immédiatement formée, et *l'acceptation par le maire du bénéfice de cette libéralité*, suivant l'expression de la nouvelle jurisprudence administrative.

B. *Bureaux de bienfaisance.*

I. Différences avec les hospices. — De la fondation d'un bureau de bienfaisance.

1. Quelle différence y a-t-il entre un hospice et un bureau de bienfaisance ? Question vulgaire, qui ne manque pas d'intérêt.

1° L'hospice offre un asile aux malades dans un lieu déterminé. Le bureau de bienfaisance a pour but la distribution des secours à domicile (Voir loi fondamentale du 7 frimaire an V.).

2° Pendant longtemps le bureau de bienfaisance a été dans une commune le représentant légal des pauvres, de sorte que toute libéralité faite aux pauvres en général, était recueillie par le bureau de bienfaisance. Nous allons voir que le maire a remplacé le bureau de bienfaisance. Jamais au contraire les hospices n'ont été considérés comme représentant les pauvres.

3° Enfin au point de vue des conditions nécessaires pour leur création, la différence s'accentue. Il est de principe que la création d'une personne morale ne peut résulter que d'un acte du pouvoir suprême. Aucune loi depuis la Révolution, n'est venue apporter de dérogation à ce principe établi par les édits de 1666 et 1749 (2). Les hô-

(1) V. arr. minist. 26 juillet 1831. — Sur toute cette matière Durieu et Roche : Rép. Établ. de bienf.

(2) Voir décret du 21 août 1872, art. 5-1.

pitaux et hospices sont toujours restés soumis à cette règle. Il n'en est pas de même des bureaux de bienfaisance. La loi du 21 juillet 1867 (art. 11) dit que « leur création est autorisée par les préfets, sur l'avis des Conseils municipaux ». Pour justifier cette dérogation, on a dit que « ces utiles établissements étaient les auxiliaires les plus populaires de la charité (1). » Je comprends que les communes, devant les lenteurs administratives, hésitent quelquefois à poursuivre la fondation d'un bureau. Mais il est toujours grave de porter atteinte à un principe d'ordre public. On n'a pas osé étendre cette règle aux hospices, et cependant ils sont également dignes de la sollicitude du gouvernement.

Quoiqu'il en soit, la loi existe, elle est appliquée tous les jours. Si je me permets de la critiquer, c'est que quelquefois il est à craindre qu'entre les mains d'un préfet la création inconsidérée d'un bureau de bienfaisance ne soit comme une arme électorale. Aussi faut-il s'attacher strictement aux garanties que je trouve dans la circulaire du 3 avril 1807. Avant de donner l'autorisation, une dotation d'au moins 50 f., soit en revenus d'immeubles, soit en rentes sur l'État, est nécessaire, sans compter les subventions qui peuvent être accordées par les Conseils municipaux et les recettes également attribués aux pauvres, telles que le tiers du produit des concessions de terrain dans les cimetières, et le droit sur les spectacles, bals et concerts. Il faudrait même augmenter le chiffre de la dotation. Il est nécessaire que cette création se trouve justifiée par l'initiative de la charité privée, se manifestant dès le début par des fondations particulières.

La nouvelle loi n'innove pas en ce qui touche les affaires connexes. C'est, par exemple, un legs en faveur d'un établissement ecclésiastique pour en affecter le montant à la création d'un bureau de bienfaisance. Les pièces devront être jointes au dossier de manière qu'un décret puisse statuer sur l'affaire. Même principe, c'est-à-dire nécessité d'un décret en conseil d'État, si la création d'un bureau de bienfaisance était due à la transformation d'un hospice en bureau de bienfaisance. Il y a alors suppression d'un établissement, mort d'une personne morale, et l'on sait que la mort, comme la vie, pour ces êtres fictifs, est entre les mains de l'État. Si donc cette transformation n'avait lieu que par simple arrêté préfectoral, les administrateurs du bureau de bienfaisance seraient irrecevables à demander le payement d'une rente spécialement léguée à l'hospice (2).

L'administration réside en une commission administrative composée comme ci-dessus. Elle aura donc à délibérer sur les dons et legs qui lui sont adressés. C'est le maire, son président, qui est chargé d'accepter.

(1) Circul. minist. 3 août 1867.
(2) Canal 3 jan. 1866. 66. t. 77.

Longtemps, avons-nous dit, cette commission recueillit aussi les dons et legs faits aux pauvres, sans autre désignation. C'est seulement lorsqu'il n'y avait pas de bureau de bienfaisance dans la commune que, par une fausse interprétation de la loi de 1817, la commune pouvait accepter par l'intermédiaire du maire. Dans sa séance du 4 mars 1873, le conseil d'État a rendu une décision qui, a plusieurs autres points de vue et à ce point de vue particulier, a fait une révolution dans la matière des dons et legs aux pauvres, en déclarant que désormais le maire serait le représentant légal des pauvres. Le Conseil municipal, et non plus seulement la commission administrative, aura donc à délibérer. Autrefois sans doute le maire intervenait toujours pour accepter, puisqu'il était le président-né de cette commission : mais il sera aujourd'hui l'organe des intentions du Conseil municipal et non de celles de la commission. Mais n'anticipons pas sur le chapitre suivant, qui traite spécialement : des dons et legs en faveur des pauvres.

---

§ IIme

Des fondations charitables ou des dons et legs en faveur des pauvres en général.

I. Du représentant légal des pauvres. — II. Capacité sur ce point des établissements ecclésiastiques ; Avis de principe du Conseil d'État du 6 mars 1873. — III. Des fondations avec distribution des revenus confiée au curé, à la fabrique, à un particulier. — IV. Legs en bonnes œuvres.

I. Les pauvres, considérés collectivement, peuvent être l'objet de donations ou de legs (art. 910). La disposition n'est donc pas nulle comme s'adressant à une personne incertaine. C'est en effet une personne morale qui est chargée de les représenter : c'est à elle que la libéralité est censée faite avec affectation spéciale au profit des pauvres. Mais quel est ce représentant légal des pauvres, chargé par conséquent d'accepter les dispositions faites en leur faveur ?

Si la disposition s'adresse aux pauvres d'une commune, aux pauvres d'un hospice, aux pauvres d'un établissement de charité reconnu, point de difficulté : la commune, l'hospice, l'établissement nommés dans l'acte accepteront pour les pauvres dont ils ont respectivement la charge.

Mais demander en principe quel est le représentant légal des pauvres suppose une de ces dispositions fréquentes ainsi conçues : Je lègue une somme de..... aux pauvres, sans autre désignation. La réponse est dans l'art. 937 et l'ordonnence du 2 avril 1817, art. 3. Il résuite de ces textes qu'en principe la commune par l'organe du maire est la personne morale représentant les pauvres. Cela parait évident, et cependant jusqu'à ces dernières années la pratique a donné cette représentation au bureau de bienfaisance. On disait que l'ord. de 1817 avait disposé pour le cas où il n'y avait pas d'établissement charitable dans la commune. Le maire n'intervenait donc que là où il n'y avait point de bureau de bienfaisance (1). C'était contraire non moins aux textes qu'au principe que la commune représente tout ou partie de la de la collectivité des habitants. Or les pauvres sont une catégorie d'habitants de la même commune. Un avis du conseil d'État du 6 mars 1873 a complètement changé cette jurisprudence. Il résulte d'un de ses considérants (2) que « les maires doivent accepter et administrer les libéralités aux pauvres sans autre détermination ». C'est bien dire que le bureau de bienfaisance n'acceptera désormais que les dons et legs qui lui seront directement adressés. Il ne faut pas en conclure qu'en fait il n'intervienne pas dans la distribution des libéralités s'adressant aux pauvres. S'il s'agit d'une somme une fois donnée, le maire la fera tenir au bureau, qui devra la distribuer conformément aux intentions du testateur. S'il s'agit d'une rente, d'un capital à placer, en un mot d'une fondation, le titre sera immatriculé au nom de la commune et déposé entre les mains du receveur municipal. La commission administrative du bureau n'aura donc ni la propriété, ni la garde du titre. Mais les arrérages perçus seront envoyés au bureau, qui en réalité jouera le rôle qui lui appartient, celui de distributeur des aumônes. Les décrets en pareille matière prescrivent même que les arrérages seront versés dans la caisse du bureau de bienfaisance. Cette manière de procéder respecte autant que possible les droits de la commune légataire, tout en maintenant l'établissement charitable en possession des attributions qu'il tient de la loi du 7 frimaire an V. Mais je crois qu'au point de vue juridique strict, le maire aurait le droit de laisser les sommes reçues entre les mains du receveur municipal, et de délivrer aux indigents des mandats sur la caisse, cette comptabilité devant comme les autres être approuvée par le Conseil municipal et l'autorité. En fait, ce mode de distribution n'est pas employé et avec raison. Le bureau de bienfaisance s'occupe exclusivement de charité : il n'en est pas de même d'un Conseil municipal : quelle serait la garantie des choix faits pas une assemblée trop souvent politique ?

II. Nous arrivons à une grave question. La commune et le bureau de bienfaisance ont-ils le monopole de la représentation des pauvres ?

On a vivement discuté ce droit pour les fabriques et les établissements ecclésiastiques. Combien de personnes redoutent de confier

(1) V. Durieu et Roche. Établ. bienf. — Libér. Avis C. d'État 21 janvier 1851. *Bulletin du minist.* Int. 53, p. 281

(2) Dalloz 1873 1re partie, décret du 22 mars 73. Circul. minist. 15 avril 73. *Bullet. minist. Inter.* 1873, p. 209.

à d'autres mains qu'à des mains pieuses l'exécution de leurs dispositions charitables ! La religion et la charité sont deux sentiments se fécondant l'un l'autre : tenter de les séparer serait tarir la source principale des libéralités en faveur des pauvres

Cependant, jusqu'à l'avis du 6 mars 1873, le Conseil d'État déclarait le maire et les bureaux de bienfaisance seuls capables de recueillir des dispositions charitables. Il appliquait la jurisprudence tirée des avis de 1811 et 1863 que nous connaissons, c'est-à-dire qu'un legs à une fabrique, à un curé, à un évêque pour les pauvres était accepté conjointement par l'établissement institué et par le bureau de bienfaisance. Ce dernier avait la garde du titre et devait remettre les arrérages à la personne morale dénommée, avec charge d'en faire la distribution. Nous avons vu le fondement de ce système qui n'était ni juridique ni praticable. En droit il constituait le bureau de bienfaisance seul légataire, au mépris de la volonté du testateur. En fait il ne laissait à l'établissement religieux d'autre garantie que la bonne volonté souvent en défaut du maire ou de la commission. Le droit du fondateur, celui des établissements, celui des pauvres étaient donc méconnus et gravement exposés. Nous savons les protestations dirigées par les cours et tribunaux. Cet état de choses vient d'être modifié par l'avis du 6 mars 1873, dont voici les principaux passages :

« Considérant que l'article 937 et l'ordonnance du 2 avril 1817 n'appellent les bureaux de bienfaisance à accepter que les dons et legs qui leur sont adressés.... ; qu'ils ne s'opposent nullement à ce qu'un autre établissement légalement reconnu puisse être autorisé à recueillir, si elles lui sont adressées directement, et à employer seul, si elles se rattachent à sa mission, des libéralités ayant une destination charitable..... ; que depuis l'an X l'usage s'est maintenu de quêtes dans les églises pour les pauvres de la paroisse....., que l'article 76 de la loi de germinal et l'article 1er du décret du 30 décembre 1809, attribuent expressement aux fabriques l'administration des aumônes..... ; qu'aucune loi ne s'oppose à ce que les fabriques puissent recueillir seules des libéralités ayant une destination charitable..... ; qu'il y a lieu de rechercher, dans chaque espèce, l'intention du testateur .... ; que la fabrique peut être autorisée à accepter seule et sans l'intervention du maire ou du bureau de bienfaisance des sommes destinées à être distribuées aux pauvres par les soins des membres de la fabrique ou du curé.... ; que, s'il s'agit d'une fondation destinée à demeurer perpétuelle et dont les revenus seuls devront être distribués, il convient, tout en autorisant la fabrique légataire à accepter le legs qui s'adresse à elle, à faire immatriculer le titre en son nom et à en conserver la garde, d'autoriser le maire à accepter le bénéfice qui résulte du legs en faveur des pauvres de la commune, et d'ordonner qu'un duplicata lui sera délivré..... ; que cette mesure, sans lui donner un contrôle sur l'emploi que la fabrique et le curé feront des revenus, lui permettra de s'assurer que le capital de la fondation est conservé et le revenu toujours inscrit avec sa destination au budget annuel de la fabrique..... ; que ces solutions s'appliquent aux consistoires des cultes protestants, et israélites, etc., etc. »

Voici les conséquences juridiques qui me paraissent résulter de ce document :

1° Capacité générale sans restriction pour l'hypothèse d'une somme une fois distribuée. Au cas d'une fondation, plus d'acceptation, plus d'immatriculations conjointes, acceptation par la fabrique, le maire intervenant seulement pour accepter le bénéfice résultant du legs, et ce sans droit de contrôle.

2° Extension de cet avis aux établissements autres que les fabriques, c'est-à-dire aux cures, succursales, évêchés, congrégations religieuses, à tous ceux, en un mot, qui ne sont frappés par aucun texte. C'est ainsi qu'un décret du 17 décembre 1875 a autorisé l'évêque d'Évreux, tant en son nom qu'en celui de ses successeurs, à accepter une somme de 20,000 fr. pour les revenus être distribués aux pauvres, sans que les évêques successifs soient tenus d'en rendre aucun compte, le capital devant être placé en rentes sur l'État au nom des évêques successifs d'Évreux, avec mention sur l'inscription de la destination des arrérages (1).

3° Affirmation du droit pour les fabriques de faire des quêtes dans les églises pour les pauvres.

On comprend l'influence considérable exercée par cette jurisprudence sur les dispositions charitables. Son affirmation s'est produite sur-le-champ. Non-seulement les fabriques et cures ont pu accepter des sommes d'argent ou des capitaux devant être distribués aux pauvres, mais encore destinés à fonder des asiles, des hospices et établissements charitables (Voir décrets du 17 octobre 1875, 9 décembre 1876 (2). Depuis cinq ans, le nombre des libéralités aux pauvres a sensiblement augmenté.

III. Plaçons-nous, maintenant, à un autre point de vue. La libéralité est faite à une personne morale autre qu'un établissement religieux, ou bien elle est simplement faite aux pauvres, mais le testateur charge le curé ou la fabrique de la distribution des revenus. Que la clause soit valable, on ne peut en douter, puisqu'on aurait pu léguer directement au curé ou à la fabrique (3). Les curés et fabriques nommés distributeurs d'aumônes se trouvent dans la situation du maire, vis-à-vis de la fabrique et de la cure, directement

(1) Lettre ministérielle du 3 mai 1873, *Bulletin des actes administratifs* de 1873. — Voir pour les cures, décret du 22 mars 1863, paroisse Saint-Étienne à Toulouse. — Décret du 8 avril 1873, paroisse Saint-Trophime à Arles. — Pour les succursales, 6 avril 1873, succursale de Chalain (Vienne). — Pour les congrégations religieuses, 26 février 1873.

(2) *Journal des fabriques*, 1878, p. 212-217.

(3) Avis du Conseil d'État, 25 juin 1878, décret du 3 juillet 1874, lettre du 28 décembre 1876, de M. le Président du Conseil au Préfet de la Charente-Inférieure.

institués. Ils ont un bénéfice au legs et par suite ils interviendront pour accepter le bénéfice du legs accepté principalement par la commune ou le bureau de bienfaisance (1). Mais le point délicat est celui qui touche à la reddition de compte. Les curés distributeurs, la fabrique doivent-ils rendre compte, et quel compte, au représentant légal des pauvres ?

Deux opinions extrêmes peuvent se soutenir. Une première, exigeant une reddition de compte complète, absolue, avec pièces justificatives, noms des personnes secourues, mention des secours pour chacune d'elle, etc Car, dira-t-on, il faut que l'établissement institué sache ce que deviennent les revenus d'un capital qui lui appartient. C'est à lui qu'on s'est adressé. Il faut une sanction, qui sera le contrôle et la surveillance sur le mode de contribution. Du reste, l'article 1,073 de l'instruction générale des finances du 20 juin 1859, dit « que les personnes tierces à qui des dons et legs sont faits pour que le montant en soit distribué aux pauvres, doivent, à moins d'une dispense formellement exprimée, rendre compte de l'emploi des fonds ». Les curés doivent donc remettre aux receveurs des bureaux de bienfaisance la liste nominative des pauvres secourus par eux avec pièces à l'appui.

Une seconde opinion, également absolue, peut dire : Point de compte à rendre de la part des distributeurs. Ils ont une mission toute de confiance. Il y a une classe nombreuse de pauvres, les pauvres honteux dont le public ignore et doit ignorer les noms. En choisissant un ecclésiastique, les bienfaiteurs ont surtout en vue cette classe de pauvres. Or une telle mission exclut tout compte à rendre et surtout l'obligation de dresser une liste des pauvres secourus.

Ces systèmes sont trop absolus. On peut répondre au premier que cet art. 1073 de l'instruction des finances, a tout au plus la valeur doctrinale d'un simple arrêté ministériel, qui, pris comme base d'interprétation d'un testament, constituerait un empiétement sur le pouvoir judiciaire et un excès de pression. Les curés, du reste, ne sont pas des personnes tierces, dans le sens de cet art., puisqu'ils pourraient comme titulaires ecclésiastiques être appelés eux-mêmes à représenter les pauvres, d'après le nouvel avis du Conseil d'État. On peut répondre au second système, que n'exiger aucun compte, serait ajouter un moyen de plus, aux moyens de fraude employés pour gratifier des établissements non reconnus. Le curé, en effet, serait peut-être tenté de faire passer aux mains de congrégations non autorisées ce que le disposant réservait aux pauvres en général.

Prenons un système mixte. Il est certain que le testateur a voulu donner un certain rôle à la commune ou au bureau de bienfaisance, tout en conférant un mandat de confiance au curé ou à la fabrique. Il faut un mode de surveillance et de contrôle exprimant cette pensée. Je le trouve dans un décret du 13 août 1871. Il s'agissait d'un

(1) Voir décret, juillet 1874, fabrique de Lardy (Seine-et-Oise).

legs où le curé de Thiais et ses successeurs étaient chargés de distribuer, chaque année, une somme de 50 fr. aux pauvres. Le ministre du culte se prononça pour l'exhibition d'un reçu destiné à constater la sortie des fonds de la caisse et mentionnant d'une manière générale la destination de ces fonds. Dans une lettre du 19 août 1871. Le ministre des cultes écrivait à l'archevêque de Paris : « Je n'hésite pas à croire, que les curés ou desservants distributeurs présentent un simple compte sommaire de l'emploi des fonds. » Le conseil municipal n'aura donc point à participer à la désignation des pauvres. Mais qu'entendre par compte sommaire ? Ce sera, par exemple, un détail des sommes distribuées jour pour jour, les factures acquittées par le boulanger et le boucher, sans indiquer le nom des personnes assistées. Ce sera de la part du curé une déclaration d'emploi avec la date et les qualités des personnes secourues, et de la part du Conseil de fabrique, une délibération constatant la somme reçue avec déclaration d'emploi en faveur des indigents. Il faut, en un mot, qu'une pièce puisse être produite déchargeant la responsabilité du bureau de bienfaisance ou de la commune institués légataires (1).

Nous disons donc en résumé : 1° Legs fait au curé, à la fabrique, à un établissement religieux pour les pauvres, — point de compte à rendre. (Avis du 6 mars 1873). 2° Legs fait aux pauvres avec distribution par le curé et dispense de rendre compte. Cette dispense est légale (art. 1073, instruction générale des finances). 3° Même legs, sans dispense expresse de rendre compte : — Point d'état nominatif, sauf exception, mais production d'un compte sommaire.

Dans le même ordre d'idées, une autre hypothèse se présentera. C'est un particulier qui a été chargé, comme le curé ou la fabrique, de la distribution d'un legs fait aux pauvres. Le testateur a fait un legs d'aumônes : il en confie l'exécution à un ami, un confesseur, ou même au titulaire d'une fonction civile, par exemple au juge de paix. On le voit il ne s'agit plus ici d'une personne morale ayant capacité d'être directement instituée légataire pour les pauvres. Que cette personne puisse intervenir dans la distribution, il n'y a pas de doute.

L'art. 1073 précité le reconnait formellement, et dans la pratique il en est toujours ainsi, soit que l'intervention se manifeste par la simple désignation faite par l'exécuteur testamentaire, soit par la distribution même confiée à ses soins. Mais ne faut-il pas faire intervenir d'abord le représentant légal des pauvres pour recueillir la disposition, demander par conséquent à qui de droit l'autorisation d'accepter, sauf ensuite à se conformer à l'intention du testateur en laissant à la personne désignée par lui le soin de distribuer ses aumônes ? Les principes conduisent là. On ne peut faire de libéralités au profit de personnes incertaines. Or, les pauvres sont des personnes incertaines. Si la loi permet de leur adresser des dons et legs, c'est à la condition

(1) Voir arrêt de Douai, 30 décembre 1871. 77, 2. 158, exigeant un état nominatif, parce que le testateur avait indiqué les classes des personnes à secourir.

que l'établissement chargé de ce service le recueillera. A des personnes incertaines se substitue alors une personne certaine, dont la mission sera de faire arriver aux pauvres la libéralité par le canal de la tierce personne. Mais quelle différence? Si l'acceptation du représentant des pauvres n'avait pas lieu, l'intérêt de la famille ne trouverait pas la protection que lui donne l'art. 910. Si l'acceptation du tiers suffisait, il ne serait soumis à aucun contrôle, tandis que le représentant des pauvres étant saisi, celui-ci a le droit de surveiller, dans les limites restreintes que nous avons vues, la distribution des sommes léguées, à moins que le disposant ne l'ait dispensé de tout contrôle (1).

On objecte que le testateur peut disposer de ses biens comme il l'entend, que le legs d'aumônes reçoit son exécution comme si le testateur le distribuait lui-même. Je réponds que sans doute je puis, de mon vivant, remettre tous mes revenus à un ami pour qu'il les distribue en aumônes. Mais lorsque je teste, je dois le faire en faveur de personnes certaines. Il y a une exception en faveur des pauvres, c'est vrai, mais à quelle condition? que l'établissement chargé de ce service soit nommé ou, à défaut, celui qui représente légalement les pauvres Il est reconnu que le bureau de bienfaisance, la commune, la fabrique, la cure, etc., peuvent recueillir une libéralité de cette nature. Mais ceux-là sont soumis à l'art. 910. Je ne puis échapper à cet art. en instituant un particulier.

IV. Nous avons supposé que le don ou legs est directement adressé aux pauvres et qu'ils sont appelés à recevoir par les mains d'un tiers. Il ne faut pas confondre ce cas avec le suivant, qui s'en rapproche beaucoup. Le disposant charge un héritier ou tout autre personne d'employer une certaine somme à des bonnes œuvres. Le mot bonnes œuvres employé dans une disposition testamentaire exprime des libéralités envers les pauvres, et il a été jugé que le legs d'une portion de biens à employer en bonnes œuvres étant destiné aux pauvres n'est pas nul comme fait à des personnes incertaines (2).

Ici les pauvres ne sont plus les bénéficiaires directs. Le disposant a fait un legs à un tiers pour qu'il l'emploie en bonnes œuvres sans affectation déterminée. On ne saurait dire qu'un pareil don a lieu au profit des pauvres de la commune. Celle-ci ne peut donc intervenir, et l'autorisation de l'art. 910, n'est pas exigée. La Cour de cassation a déclaré qu'une disposition de cette nature était une simple charge de la succession, une mission donnée à l'exécuteur testamentaire (3) Il en serait autrement, si les pauvres étaient nommés : il y aurait alors un légataire, puisant son droit dans un acte, et tombant sous le coup de l'art. 910.

(1) Douai 22 juin 1814. 2. 156.

(2) Pau 20 avril 1875. Cassation 20 décembre 1875. *Journal des Fabriques* 1878. p. 135.

(3) Cassat 1859-59, I, 322, 27 nov. 1876-77, I, 153.

Mais alors, dira-t-on, c'est une pure question de mots. Le testateur a-t-il parlé de bonnes œuvres sans nommer personne, liberté absolue. A-t-il légué aux pauvres, art. 910. — Non : la doctrine et la jurisprudence supposent avec raison qu'un testateur ne se sert pas indifféremment de ces expressions. La première, dans la pensée du disposant, constitue la charge d'un legs adressé directement à un tiers, qui restera bénéficiaire pour la plus grande partie de la somme léguée. C'est en même temps une charge abandonnée à sa libre volonté plutôt qu'elle ne lui est imposée. Personne ne peut l'y contraindre. Qui donc aurait qualité pour le faire ? La seule personne nommée, c'est le légataire lui-même. Au contraire, désigner les pauvres, c'est leur donner qualité pour réclamer le bénéfice du legs par l'intermédiaire de ceux chargés de les représenter. Cette interprétation, on le voit, est basée sur l'intention présumée du testateur. Il pourra donc arriver que, sous ce mot, se cache une libéralité déguisée en faveur d'incapables, surtout s'il s'agit de sommes considérables. Les tribunaux apprécieront (1).

CHAPITRE III

Dons et legs en faveur du service de l'enseignement.

Le service de l'enseignement est, sans contredit, l'un des services publics les plus importants. Son organisation renferme l'avenir du pays, et depuis la Révolution jusqu'à nos jours, il n'est pas un gouvernement qui n'ait fait ou tenté de faire une loi touchant à cette base de l'édifice social.

C'est d'abord le premier Empire, fondant l'Université, véritable gouvernement institué sous la forme d'un corps, ayant le monopole de l'enseignement, faisant seul des programmes, les imposant à tous, examinant toute la jeunesse française, lui conférant des grades, chargé de l'inspection et de l'autorité sur toutes les écoles, vaste établissement public embrassant la France entière et devant être, dans la pensée de Napoléon Ier, « un moyen de diriger les opinions politiques et morales, » ce qui faisait dire à Royer-Collard : « l'Université a été établie sur cette base fondamentale que l'instruction et l'éducation publiques appartiennent à l'État (2). »

C'est ensuite la Restauration, rendant ces fameuses ordonnances du 16 juin 1828, soumettant les directeurs et professeurs des établissements particuliers « à l'affirmation par écrit de n'appartenir à aucune congrégation religieuse non légalement établie en France. »

C'est plus tard le Gouvernement de Juillet, faisant une première

(1) V. Laurent, t. XI, p. 117 et suiv. — Demolombe, n° 612 et suiv.
(2) Citations prises dans le rapport de M. Laboulaye, sur la loi de 1875.

brèche au monopole universitaire, par la loi du 28 juin 1833, qui supprima pour l'enseignement primaire le régime de l'autorisation préalable à fin d'ouvrir une école privée et le remplaça par le système, aujourd'hui général, de la déclaration d'ouverture.

C'est ensuite la Constitution de 1848, déclarant dans son art. 9 : « L'enseignement est libre. La liberté d'enseignement s'exerce selon les conditions de capacité et de moralité déterminées par les lois et sous la surveillance de l'État. »

Ce sont enfin les deux lois célèbres, dont le nom est aujourd'hui sur toutes les bouches, les lois du 15 mars 1850, du 24 juillet 1875, accomplissant, dans la sphère de l'enseignement secondaire et supérieur, la réforme de 1833, proclamant la liberté pour tous, d'enseigner à tous les degrés, et corrélativement la liberté pour le père de famille de choisir l'établissement qu'il juge le plus digne pour l'éducation de ses enfants.

Que dire de ces diverses lois ? Ces libertés laborieusement conquises sont elles définitives ? Sortiront-elles entières du grand débat parlementaire engagé sur les nouveaux projets de lois déposés par M. le Ministre de l'Instruction publique ? Nous le saurons bientôt ; mais ce qui est certain, c'est que les lois de 1850 et de 1875 ont produit dans le service de l'enseignement un développement considérable de la personnalité juridique. C'est là, au point de vue qui nous occupe, l'idée qui se dégage de l'étude que nous allons faire :

§ 1er *Des établissements consacrés à ce service et* [illegible]*nme tels institués donataires ou légataires.*

§ 2e *Des dons et legs pour fondations d'écoles ou fondations scolaires.*

---

§ 1er

Établissements d'instruction, donataires ou légataires.

I. Établissements universitaires. — II. Écoles libres ; lois de 1875 et de 1850, sur la liberté de l'enseignement. — III Acceptation et autorisation des libéralités en leur faveur.

Jusqu'en 1850, l'Université est apparue comme personne morale absorbant tous les établissements d'instruction. L'art. 137 du décret de 1808, disant : « l'Université est autorisée à recevoir les donations et legs qui lui seront faits, suivant les formes prescrites par les règlements d'administration publique, » il fut de règle qu'en qualité de tutrice de tous les établissements publics consacrés à l'éducation de la jeunesse, l'Université avait qualité pour accepter en leur nom ou à leur profit tout ce qui leur était donné entre vifs ou par testament. Le grand-maître la représentait dans cette acceptation (1). Qu'est-il arrivé en 1850 ? L'Université a été supprimée comme formant un État dans l'État, les art. 131 et 137 du décret de 1808 ont été abrogés, les propriétés de l'Université réunies au domaine de l'État. La personnalité du corps enseignant s'est fractionnée, morcelée en quelque sorte, et chacun des établissements d'instruction publique est devenu une personne morale bien distincte ayant un domaine propre. Ces établissements, dit une loi budgétaire de 1850, continueront de pouvoir acquérir et posséder sous les conditions déterminées par les lois (2). »

Nous pouvons donc distinguer dans la sphère de l'enseignement supérieur, à côté de l'Institut, du Collège de France, du Muséum d'Histoire naturelle, de l'École française d'Athènes, de l'École des hautes études, etc., établissements qui n'ont jamais été incorporés à l'Université, nous pouvons distinguer les établissements universitaires conférant des grades, tels que facultés de droit, de médecine, de sciences, de lettres, écoles de pharmacie, etc. Les libéralités qui leur sont faites seront acceptées, pour les premiers, par les chefs des établissements eux-mêmes, pour les seconds, par le Ministre de l'Instruction publique qui a succédé aux attributions de l'Université. L'autorisation d'accepter sera donnée par décret ; il ne peut être question d'arrêté préfectoral pour des établissements qui n'ont aucun caractère départemental ou local (3).

Dans la sphère de l'enseignement secondaire, nous trouvons les lycées et collèges communaux. Les dispositions qui leur sont faites prennent une forme particulière, celle de fondation de bourses nationales, départementales, communales. Il y a aussi des bourses fondées par des particuliers (4). Il peut y avoir enfin des fondations de prix (5). Les proviseurs sont autorisés à accepter en vertu d'un décret du chef de l'État.

Dans la sphère de l'enseignement primaire, il semble que nous devrions trouver, comme personnes morales, les écoles dites communales. Point du tout. L'école primaire n'est point un être distinct de la commune. On peut faire des dons et legs qui lui seront destinés. Mais c'est la commune qui les acceptera, sauf à les affecter

(1) Art. 131, décret de 1808. — Ord. du 2 avril 1817. — V. fondation du prix de Beaumont, faculté de droit de Paris. — Legs Dupuytren, ord. du 3 août 1833. — Donation Montcalme à la Sorbonne (Ord. 16 mai 1821, 18 juillet 1830).

(2) Loi 7-11 août 1850, art. 11, ch. 15.

(3) V. dans la statistique de l'Enseig. supérieur, 1878. — Décret 5 mars 1876, legs de la duchesse d'Otrante à l'Académie. — Décret du 8 juin 1877. Fondation Jules Janin — du 10 avril 1878, legs Julliet, à l'École normale. — du 8 février 1877, fondation Lebeault à l'École de pharmacie de Paris — 8 septembre 1856, prix de Trémont, faculté de droit de Paris, etc., etc.

(4) Fondation Féval, Lycée Louis-le-Grand, décret 15 juillet 1851. — Fondation Bogué à Pau, 1er novembre 1861.

(5) Fondation Grosseyeux, Lycée de Reims, décret, 12 avril 1877. — Fondation Deville, Lycée Fontaine. 12 avril 1877.

à l'emploi prescrit par le disposant. Ceci tient à ce qu'on n'a pas voulu multiplier indéfiniment le nombre des personnes morales, et aussi à ce que l'école communale présenterait comme corps une surface trop restreinte pour ne pas dépendre étroitement de la commune.

II. A côté de ces établissements officiels, les lois de 1850 et de 1875 ont amené la constitution d'écoles libres pouvant, elles aussi, devenir des personnes morales, et, en fait, étant plus souvent que les autres l'objet de nombreuses libéralités. Qu'a fait, en effet, le législateur en décrétant la liberté de l'enseignement ? Il a permis à tout français, moyennant certaines garanties de moralité, de capacité et la surveillance administrative restant à l'État (1) d'ouvrir des écoles d'enseignement primaire, secondaire ou supérieur. Liberté pour tous, tel a été le principe. Et alors, au souffle de cette nouvelle liberté, ont surgi, dans la commune, en face de l'école dite communale, l'école dite libre, — dans le département, en face des lycées et collèges, les écoles libres d'enseignement secondaire — à Paris, à Lille, à Lyon, à Angers, à Toulouse, à côté des facultés de l'État, les facultés libres, les universités catholiques.

Est-ce à dire que toutes ces écoles constituent des établissements d'utilité publique, ayant, par suite, capacité d'acquérir à titre gratuit ? Nullement. Alors même qu'il y a une association formée pour diriger l'école, cette association ne constitue pas plus que l'école une personne morale. Le droit d'association et le droit de former une personne civile sont deux droits différents qu'il ne faut jamais confondre. Pour avoir la personnalité, il faut la demander, il faut l'obtenir du chef de l'État. La loi de 1875, article 11, fait très-bien cette distinction. « Les établissements... ou les associations... pourront, sur leurs demandes, être déclarés d'utilité publique..., une fois reconnus..., ils pourront légalement recevoir des dons et legs dans les conditions prévues par la loi. » Nous retrouvons bien là les principes de notre droit commun. Création d'une personne morale en vertu d'un acte souverain, avec une garantie de plus, l'avis du Conseil supérieur d'instruction publique. Acceptation des dons et legs, après autorisation et formalités réglementaires que nous connaissons.

Le bénéfice de la personnalité juridique en faveur des établissements d'enseignement supérieur fut vivement discuté à l'Assemblée nationale. M. Jules Favre demanda le rejet de l'article 11. « Le droit commun d'association suffit, disait-il ; la déclaration d'utilité publique leur donnera une prérogative énorme, celle de constituer des sociétés perpétuelles et unipersonnelles. Il faut, autant que possible, s'abstenir de créer des corps dans l'État. » Sans doute, M. Jules Favre a raison, lorsqu'il montre l'importance et par suite le danger de nombreuses personnes morales. Sans doute, une société

(1) V. art. 25, 26, 69, 15, 18 mars 1850. — 2, 4 et 7, loi, 21 juillet 1875.

déclarée établissement d'utilité publique, se transforme, n'a plus terme, devient impersonnelle, se détache au point de vue du droit de propriété de la personne même de ceux qui font partie de l'association.

Mais la loi de 1875 avait pour but d'appliquer la liberté dans le droit commun. Or, l'article 11, c'est bien le droit commun. Il faudra une instruction minutieuse, trois administrateurs responsables, le dépôt de l'acte de société, un décret en Conseil d'État. On a fait, il est vrai, une objection qui avait de la valeur. Sous prétexte d'enseignement supérieur, a-t-on dit, une congrégation religieuse ne pouvant être reconnue que par une loi (loi de 1817 et de 1825), sollicitera d'un décret ce qu'elle ne peut obtenir que du législateur. Pourquoi n'avoir pas chargé le législateur lui-même de la déclaration d'utilité publique ? Il est facile de répondre par les travaux préparatoires. M. Paul Jozon a déclaré à la tribune « que la loi de 1875 n'abrogeait pas celle de 1817 ou de 1825, et que toutes les fois qu'il s'agirait d'une reconnaissance soit directe, soit indirecte, d'une congrégation religieuse, elle ne pourrait avoir lieu qu'en vertu du droit commun, c'est-à-dire d'une loi (1). »

Quant au droit de recevoir des dons et legs, il était la conséquence forcée des principes. Des établissements, des associations sans ressources permanentes sont des créations éphémères qui ne peuvent rien établir de solide. On a voulu faire une œuvre sérieuse : il fallait permettre la concurrence avec la faculté de l'État. La puissance du patrimoine seule peut assurer la durée et le développement des fondations. Et afin que cette stabilité fût assurée, l'article 11 *in fine* déclare que la déclaration d'utilité publique ne pourra être révoquée que par une loi. Il y a, en effet, des droits acquis dignes d'être respectés. Le pouvoir exécutif aurait pu obéir à la passion politique d'un jour. Le législateur s'est substitué à lui pour une mesure aussi considérable. Ce n'est pas tout. Au point de vue spécial qui nous occupe, il a déclaré (article 12) « que les biens donnés feraient retour aux donateurs ou à leurs successeurs, dans l'ordre réglé par la loi, et, à défaut de successeurs, à l'État. Quant aux biens acquis à titre onéreux, ils ne doivent faire retour à l'État que si les statuts ne contiennent, à cet égard, aucune disposition. » On le voit, ces règles sont de nature à rassurer pleinement les intérêts des universités libres : elles se sont inspirées de la loi de 1825 que nous étudierons, de sorte qu'à ce point de vue encore, c'est le droit commun qui s'applique à cette nouvelle classe d'établissements (2).

Ce que nous venons de dire vise aussi bien en principe les établissements d'enseignements secondaire et primaire. Ils peuvent être

(1) V. *Journal officiel*, rapport et discussion de la loi.

(2) Les universités catholiques ont été déclarées établissements d'utilité publique, celle de Paris, le 25 mars 1876 ; de Lille, le 21 décembre 1876 ; de Lyon, mars 1877 ; d'Angers, 5 décembre 1877 ; la Faculté de droit de Toulouse, le 10 novembre 1877.

déclarés d'utilité publique. La loi de 1850 cependant ne contient pas de dispositions comme celle de l'article 11 précité. C'est qu'en 1875, à raison des sacrifices considérables qu'imposait la création d'universités composées d'au moins trois facultés, il fallait proclamer bien haut que ces établissements pourraient recevoir la consécration du gouvernement lui-même, afin d'obtenir avec la confiance du public les ressources nécessaires. Il fallait dire qu'au cas d'une suppression plus ou moins arbitraire, les biens donnés ou légués n'auraient pas une destination contraire aux désirs du donateur ou testateur. Mais le silence du législateur de 1850 ne signifie pas que les établissements d'enseignement secondaire ou primaire ne puissent obtenir la personnalité juridique. Le droit commun leur donne ce droit, et en fait ce droit a été exercé. Une statistique a été dressée de toutes les communautés et congrégations religieuses. Elle constate au chapitre 5, relatif aux associations religieuses d'hommes voués à l'enseignement et légalement autorisées, l'existence de 23 associations dirigeant 2,328 écoles publiques et 768 écoles privées.

Elle constate aussi l'existence de 5.8 congrégations ou communautés de femmes légalement autorisées et dirigeant 10,951 écoles publiques et 5,527 écoles privées. Si ces écoles privées ne sont point par elles-mêmes déclarées d'utilité publique, c'est tout comme. L'association, en effet, qui la dirige, est autorisée, elle peut donc acquérir, à titre gratuit, tous les dons et legs en faveur de telle école déterminée.

C'est à l'école que reviennent les libéralités par l'intermédiaire des membres de l'Association, bien qu'elles soient acceptées par le supérieur général de l'ordre. C'est ainsi que toutes les libéralités faites aux écoles dirigées par les Frères de la Doctrine chrétienne, dont la reconnaissance solennelle émane du décret du 17 mars 1808 (art. 109), sont toujours acceptées par le supérieur de l'Institut dont le siége est à Paris, au nom et pour le compte de l'école départementale ou communale qui est en réalité l'objet de la disposition (1). Enfin à côté de ces écoles tenues par des religieux, il y a des écoles secondaires et primaires tenues par des laïques et reconnues comme établissements d'utilité publique. Elles sont régies par les mêmes principes et représentées pour l'acceptation des dons et legs par le chef de l'établissement (2). Notons seulement que nous n'avons pas ici de dispositions dérogeant, en cas de suppression de la personne morale, à l'art. 713 du code civil, d'après lequel les biens appartiennent à l'État par droit de déshérence. C'est une lacune dans la loi de 1850.

Nous n'avons pas à parler de ces nombreuses écoles libres tenues

(1) Voir une série de legs en leur faveur, *Bulletin des lois*, circ. ecclés. 1835, p. 618. Lorsque l'école est l'école communale publique, le maire intervient pour accepter le legs.

(2) Ainsi l'école Ste-Barbe à Paris.

par des ordres religieux non reconnus et qui n'ont pas demandé la déclaration d'utilité publique: celles-là n'ont qu'une existence de fait, aujourd'hui bien menacée Si elles font des acquisitions, c'est sous le nom d'un de leurs membres, seul propriétaire aux yeux de la loi. Alors même que l'acquisition est faite en commun, les biens acquis demeurent indivis comme dans toute société, ils n'appartiennent pas à un être fictif, indépendant de la personne des associés. C'est contre ces établissements que sont dérigés les nouveaux projets de loi sur l'enseignement. Mais passons, nous n'avons pas a les étudier puisque, je le répète, ils ne constituent pas des personnes morales.

III. Il nous reste à dire en deux mots quelle est l'autorité chargée d'accepter les dons et legs en faveur des écoles libres reconnues. Il semble que d'après les decrets de 1852 et de 1861 sur la décentralisation, le préfet ou le Conseil général devrait être compétent toutes les fois que les familles ne formulent aucune réclamation. En effet, le service d'une école même libre a toujours un caractère d'utilité départementale ou communale, caractère que visent les décrets dont s'agit. Cependant il en est rarement ainsi. On dirait que la décentralisation n'existe pas plus pour les affaires qui touchent à l'instruction qu'à celles du culte.« Je vous invite, dit une circulaire aux préfets, à m'adresser des rapports spéciaux sur toutes les affaires de dons et legs qui, tout en ne soulevant aucune réclamation de la part des familles, seraient de nature a affecter de quelque manière que ce fût, les *intérêts des cultes, de l'instruction publique.* Ces rapports devront .. notamment lorsqu'il s'agit d'une création d'école, me faire connaître quelles conditions ont été mises, etc., etc. (1), » Il y a moyen d'expliquer juridiquement ce qui semble une dérogation aux décrets précités. Nous savons que toute libéralité profitant à différents établissements pour l'un desquels le préfet est incompétent, exige un décret. Or, il n'est pas une donation ou un legs de cette nature qui n'engage avec l'intérêt départemental ou communal celui de la communauté religieuse dirigeant l'école. Ce double intérêt étant engagé, un arrêté préfectoral est insuffisant. Sans doute, si la libéralité est faite pour une école communale publique, la commune est principale intéressée, il ne s'agit plus d'une école libre; le préfet est compétent. Et cependant, même dans ce cas, le ministre voulant établir une juridiction uniforme en cette matière avant de l'abandonner définitivement à l'appréciation variable des préfets, le ministre veut-il être saisi de l'affaire d'après les termes généraux de la circulaire. *A fortiori*, veut-il en connaître, lorsqu'il s'agira d'une école libre devant remplir certaines conditions d'après la loi de 1850.

Le plus grand nombre de libéralités s'adresse à des écoles dirigées par des congrégations religieuses. Celles-ci sans doute, sont re-

(1) Circul. de M. Rouland, 10 fév, 1862.

connues comme corps enseignants. Mais leurs statuts sont les statuts d'un corps religieux. Ce caractère ne saurait disparaître. Il entraîne comme corrollaire la compétence du pouvoir central en matière de dons et legs.

Nous dirons donc en résumé qu'en règle générale il faut un décret pour l'acceptation des dons et legs s'adressant aux établissements officiels et libres d'instruction; et que l'autorisation préfectorale dans les cas assez rares où elle serait suffisante *stricto jure* ne devra jamais être donné qu'après examen de l'affaire par le ministre de l'instruction publique.

---

§ IIme

Des dons et legs pour fondations d'écoles ou fondations scolaires.

I. Des personnes morales pouvant recueillir des libéralités de cette nature. — II. Des établissements ecclésiastiques et communautés religieuses enseignantes. — III. Avis de principe du Conseil d'État du 21 juillet 1873. — IV. Critique de cet avis. — V. Résultat des lois de 1875 et de 1850.

I. Dans l'étude que nous venons de faire, notre hypothèse a été celle d'un établissement public ou privé existant déjà, se consacrant à l'enseignement et devenant l'objet d'une libéralité. Nous changeons d'hypothèse, nous supposons que l'établissement n'existe pas — qu'il faut le créer, qu'on veut, en un mot, par une fondation scolaire gratifier le service de l'enseignement, et nous nous demandons comme pour les fondations charitables quelles sont les personnes morales pouvant être appelées à recueillir cette libéralité. La question est pleine d'intérêt, car c'est sous cette forme que se présentent le plus grand nombre de libéralités scolaires

Et d'abord quelle est la personne morale qui intervient lorsque le fondateur est en ce point désigné ? Un particulier s'exprime ainsi : Je donne — je lègue 100.000 francs pour la fondation d'une école. A qui faut-il l'attribuer ? Comme pour les pauvres, je dirai : C'est une question d'intention. Il faut présumer que le testateur a voulu fonder une école dans sa commune comme soulager les pauvres de sa commune. L'homme ne s'attache qu'à ce qui le touche de près, à ceux qu'il voit et qu'il connaît. La loi belge du 23 septembre 1842 le décide ainsi (art. 4 et 11). Sera-ce une école primaire, secondaire, ou supérieure ? Ce sera une école primaire. Car la fondation d'une école est une œuvre de charité sous un autre nom ; l'école primaire est l'école du pauvre : à lui donc la disposition.

Laissons de côté cette hypothèse très-rare : à qui le testateur peut-il s'adresser pour l'exécution de sa libéralité ?

A la commune. — Je lègue... pour la fondation d'une École communale. C'est ce qu'il y a de plus naturel. La commune représente les intérêts collectifs de l'association dont faisait partie le fondateur. Au premier rang de ces intérêts n'y a-t-il pas l'instruction des habitants ? D'autre part toute commune doit (art. 36 de la loi du 15 mars 1850), entretenir une ou plusieurs écoles primaires. A cet effet elle doit « a défaut de fondations, dons ou legs, » s'imposer extraordinairement. La libéralité dont s'agit dégrèvera d'autant le budget municipal. A ces deux points de vue on peut dire que la commune est la personne morale représentant le plus directement le service de l'instruction primaire en particulier et de l'instruction en général. Je dis de l'instruction en général, de sorte qu'on peut léguer aussi bien à la commune pour la fondation d'un établissement d'enseignement secondaire ou supérieur.

Au département, à l'État. — Je lègue... pour la fondation d'un collège, d'une chaire, d'une faculté, etc. Disposition très-juridique, le département étant, comme la commune, le représentant des intérêts collectifs, l'État ayant la haute main dans l'organisation des écoles et des facultés.

Mais observons ceci. Les écoles ainsi fondées seront des écoles publiques. En s'adressant à l'État, au département, à la commune, le fondateur ne veut pas évidemment fonder une école libre. Il manifeste au contraire l'intention, s'il ne l'exprime, de laisser à l'autorité universitaire la direction de l'école. Peu importe qu'elle porte son nom : elle sera un établissement public d'instruction secondaire ou supérieure. Ce sera une école communale publique, si le legs a été fait en faveur de l'instruction primaire. Cela, bien entendu, n'empêche pas le fondateur de mettre telles conditions qu'il voudra. Si les conditions, sans être contraires à l'ordre public, ne sont pas exécutées par l'administration pour tel ou tel motif, les héritiers peuvent évidemment faire prononcer la révocation. Une condition fréquente dans la fondation d'une école communale, c'est qu'elle sera dirigée par des congréganistes. Nous l'avons examinée plus haut. Le jour où cette condition sera violée, les héritiers invoqueront l'art. 954, C. civil.

II. Mais le plus souvent c'est une école libre que l'on veut fonder, une école échappant à la direction universitaire par ses méthodes, son programme, le caractère de son enseignement. Il y a des personnes morales naturellement désignées au choix du testateur : ce sont les associations laïques ou religieuses, reconnues d'utilité publique comme vouées à l'enseignement. On trouve une série de fondations d'écoles dans une commune s'adressant aux frères ou aux sœurs de telle congrégation (1). Ces établissements ont pleine capacité pour rece-

(1) V. *Journal des Communes*, au mot dons et legs.

voir des libéralités, dit un avis du C. d'État du 10 juin 1863 « puisqu'ils ont été autorisés dans le but précisément de diriger des écoles. »

Quid juris des établissements ecclésiastiques, fabriques, cures, évêchés, etc. ? Nous retrouvons ici la même question que pour les pauvres et comme une seconde phase de la question générale examinée dans notre première partie. On se rappelle l'avis du 10 février 1837, se résumant en deux mots : exclusion de la fabrique, intervention de la commune seule comme représentant légalement les intérêts scolaires. (Donation Jumet). En 1841 on fait un pas en avant : c'est la période des acceptations conjointes, et, d'après l'avis du 24 janvier 1863, la commune gardant les titres de rente et de propriété, percevant les revenus, la fabrique au contraire seule instituée, n'ayant que le droit de toucher les revenus de la main du receveur municipal. Cependant, chose remarquable, si le legs était fait non plus à un établissement ecclésiastique, mais à une communauté enseignante, il fallait distinguer. L'école à fonder devait-elle avoir le caractère d'école communale et publique, les règles ci-dessus étaient appliquées. S'agissait-il d'une école libre, on n'imposait que la double acceptation, sans immatriculation conjointe, et la commune n'avait qu'un droit de surveillance sur la fondation. Ces distinctions montrent bien que cette jurisprudence péchait par la base. Pourquoi en effet cette distinction, si la commune seule pouvait représenter les intérêts collectifs au point de vue de l'enseignement ? Nous savons que la Cour de cassation s'étant prononcée le 18 mai 1852, la Cour de Grenoble (5 juillet 1869, legs Menuel), celle d'Angers (23 mars 1871 — legs de Langottière), reconnurent aux établissements ecclésiastiques pleine capacité et déclarèrent les legs caducs pour inexécution des conditions. Ce conflit vient de cesser par l'avis de principe du C. d'État du 24 juillet 1873 non moins remarquable que celui du 6 mars 1873. Il a été rendu, comme le premier, à l'occasion d'une fabrique instituée légataire (1). Mais il a un caractère général. C'est ainsi qu'il a été bientôt appliqué à l'évêque de Nancy, autorisé à recevoir une donation d'immeubles affectés à un établissement d'enseignement libre (décret du 16 août 1873) — à des desservants de succursales (Décret du 30 mars 1875 — du 9 décembre 1876). Tous les établissements publics consacrés au culte peuvent donc invoquer l'avis de principe du 24 juillet 1873.

Quelles objections peut-on faire contre cette nouvelle jurisprudence ? Dira-t-on que les personnes morales n'ont qu'une capacité limitée au service qu'elles représentent ? Nous avons répondu à cette objection (2). Que les établissements ecclésiastiques ont été créés pour le culte et non pour l'enseignement. Mais l'art. 20 de la loi de Germinal an X donne aux consistoires protestants le droit de veiller au maintien de la discipline, et ce mot dans le langage religieux s'applique à l'instruction des enfants. De même les art. 7 et 11 du dé-

(1) Lire cet avis in-extenso. Dalloz. 1873, 3, 97, 98, 99, et note.
(2) Voir page 90.

cret du 26 mars 1852 donnent aux conseils presbytéraux et aux consistoires supérieurs un droit de surveillance pour l'enseignement. Les consistoires du culte israélite ont, eux aussi, des attributions scolaires (ord. du 25 mai 1844, art. 19). Et les établissements du culte catholique seraient moins bien partagés, au prétexte qu'ils ne peuvent invoquer un texte en leur faveur. Mais la loi du 15 mars 1850 autorisant par les art. 17 et 27 des écoles libres est aussi explicite que les textes précités. Il suffit en effet de lire la discussion de cette loi pour voir que, dans la pensée du législateur, la plupart de ces écoles libres devaient être placées sous la direction du clergé. Le nouvel avis du C. d'État suppléera désormais à ce faible argument tiré de l'absence d'un texte.

Si nous avions une critique à adresser à cet avis de principe, nous dirions qu'il est encore trop étroit, en exigeant l'acceptation par le maire du bénéfice de la fondation (1). Quel est le droit attaché à cette acceptation? C'est un simple droit de surveillance sur la destination générale donnée au legs, nous l'avons déjà déclaré. Mais cette intervention peut devenir, suivant l'esprit des municipalités, un *casus belli* entre la fabrique et la commune. Celle-ci peut dire, en effet: Le décret me donne un intérêt général dans l'exécution de la fondation. Il ne dit pas jusqu'où va la limite de mon droit. J'exige l'achat de tel immeuble, l'appropriation de tel autre, etc., etc. On devine combien de conflits sont en réserve. C'est là raison qui nous a fait critiquer ce reste des anciens errements.

III. Cette réserve faite, quelles sont les conditions imposées à l'établissement ecclésiastique d'après cet avis de principe? Nous trouvons:

1° L'obligation pour la fabrique d'inscrire dans un chapitre spécial du budget les recettes et les dépenses de l'école. Excellente garantie, qui existe aussi pour les fondations charitables, nous avons oublié de le dire, et qui servira de contrôle aux héritiers voulant s'assurer de la destination donnée à la fondation.

2° L'obligation, si le legs est fait pour la fondation d'une école laïque, de choisir les instituteurs ou institutrices sur la liste d'admissibilité dressée par les conseils départementaux en exécution de la loi du 15 mars 1850. — Si la fondation a pour objet une école congréganiste, celle de choisir les instituteurs ou institutrices parmi les associations ou congrégations reconnues par l'État.

3° Enfin l'enseignement dans ces écoles devra comprendre les matières qui, d'après l'art. 23 de la loi 15 mars 1850 et 16 de la loi du 10 avril 1867 constituent l'instruction primaire. Mesure excellente qui arrête la tendance que pourrait avoir le chef d'une institution libre de donner à son enseignement une étendue qui pourrait flatter

(1) Art. 2 dudit décret: « Le maire de St-George-de-Lusençon au nom de cette commune est autorisé à accepter le bénéfice qui résulte du legs de la demoiselle Galtier. Il lui sera délivré une expédition de l'inscription de rente et du titre de propriété de la maison léguée.... »

son amour-propre, mais qui changerait la destination de l'œuvre fondée.

Telle est l'économie de cet avis de principe. Ces trois obligations imposées restreignent quelque peu l'exercice du droit reconnu à ces établissements. La transaction s'étant faite sur le principe, il n'est pas étonnant qu'il soit resté quelque trace de leur ancienne exclusion; mais là où le Conseil d'État fait, suivant nous, absolument fausse route, c'est lorsqu'il applique en partie cette jurisprudence aux associations vouées à l'enseignement (1). Lorsqu'il s'agit de fabriques, la commune peut dire: « Je représente les intérêts collectifs, partant les intérêts du culte; je ne puis être complètement évincée par elle. »

Cet argument à sa valeur. Mais lorsque la fondation pour une école libre s'adresse non plus à une fabrique, mais à une association dont la raison d'être est d'enseigner, l'argument disparait: il se retourne même contre les prétentions de la commune. Car aux yeux du fondateur le véritable représentant des intérêts scolaires, c'est l'Institut des Frères, c'est l'établissement qu'il a gratifié et non pas la commune que son silence exclut. Suivant nous, toutes associations une fois reconnues d'utilité publique comme corps enseignants, qu'elles soient laïques ou religieuses, doivent pouvoir recueillir les fondations de cette nature sans subir d'autre contrôle, — une fois l'autorisation donnée, — que celui des héritiers ou des exécuteurs testamentaires.

IV. Cette distinction faite entre les établissements ecclésiastiques et les associations vouées à l'enseignement nous devons faire deux observations qui leur sont communes.

(a) En raisonnant dans l'hypothèse de la fondation d'une école primaire, nous n'entendons pas borner à cette sphère de l'enseignement la capacité des personnes morales dont nous parlons. Nous avons pris l'hypothèse de beaucoup la plus ordinaire. Mais il va de soi que leur capacité s'étend aux autres degrés de l'enseignement. Nous avons cité un décret du 16 avril 1873, autorisant l'évêque de Nancy, comme titulaire d'une fonction ecclésiastique, à recevoir fondation pour l'enseignement secondaire. Et le principe de liberté proclamé en 1875, n'est pas fait pour fermer la sphère de l'enseignement supérieur à des établissements déclarés capables en principe.

(b) Lorsqu'un particulier s'adresse pour fonder une école à l'une de ces deux classes de personnes morales, son intention évidente est de fonder un établissement libre d'instruction. Il le dira le plus souvent. Son silence doit, sauf exception, être ainsi interprété. Qu'est-ce, en effet, que donner à un établissement pour la création d'une école? c'est mettre cette école sous sa direction, c'est l'enlever à la direction universitaire. Ceci cependant souffre un tempérament très-remarquable dans la sphère de l'enseignement primaire, à laquelle, bon

(1) Voir en effet décrets de 1873: legs Ribouleau aux sœurs enseignantes de Luisans (Vienne) — Id. donation aux Frères de Seurre (Côte-d'Or).

gré mal gré, il faut toujours revenir ; elle est comme le théâtre des fondations scolaires. On léguera souvent à une fabrique, à une succursale, à l'Institut des Frères, au Consistoire protestant, etc., pour la fondation dans la commune d'une école primaire publique. On ne s'adressera pas pour cette fondation d'école publique au représentant naturel des intérêts publics, la commune. N'y a-t-il pas là une inconséquence ? Non, par la raison bien simple, qu'on a voulu tout en faisant une libéralité à la commune, qui est obligée d'entretenir une ou plusieurs écoles primaires (art. 36 de la loi de 1850), donner à cette école une direction particulière. On veut par exemple que l'école soit laïque ou congréganiste. On aurait pu sans doute (voir plus haut) (1), tout en s'adressant directement à la commune mettre cette condition à la libéralité. Cette condition n'est pas illicite, mais elle a donné lieu à des procès, à des difficultés. Pour les éviter, on léguera non pas à la commune avec cette condition, mais à l'association elle-même, à la fabrique, à l'établissement ecclésiastique ; Seulement, comme on veut faire en même temps une libéralité à la commune, on dira que l'école sera une école communale, c'est-à-dire une école que la commune est tenue d'avoir, et pour laquelle elle se serait imposé extraordinairement, « à défaut de fondations, dons ou legs » dit l'art. 40. A vrai dire il n'y aura pas là une exception à la règle générale que l'école fondée par les personnes morales, que nous savons, est en principe une école libre. Ce sera une école communale, en ce sens qu'elle sera ouverte à tous les enfants de la commune : mais au fond l'établissement ayant une constitution conforme aux volontés du testateur conservera le caractère essentiel d'un établissement libre. La loi elle-même donne dans ce cas à l'école le nom d'école libre (art. 36 de la loi de 1850). Je lis en effet : « Le Conseil académique peut dispenser une commune d'entretenir une école publique, à condition qu'elle pourvoiera à l'enseignement primaire gratuit dans une école libre, de tous les enfants dont les familles sont hors d'état d'y subvenir. » Cet art. suppose évidemment que l'école libre a été fondée par un particulier dans les circonstances que nous disons. Cette école sera ouverte à tous : de là son caractère d'école communale mais c'est toujours une école libre : elle conserve ce cachet que lui a imprimé l'acte de disposition.

V. — En terminant cette partie de notre sujet, une pensée nous vient naturellement à l'esprit. Le développement de l'instruction dans notre pays n'est pas seulement l'œuvre de l'État, c'est aussi l'œuvre des particuliers. L'État sans doute fait, tous les jours, des sacrifices considérables : il dote largement le budget de l'instruction primaire qui, de 10 millions en 1870, s'est élevé à 30 millions, chiffre actuel, et le temps n'est plus où, comme on l'a dit avec un juste orgueil, un savant chimiste, Claude Bernard, avait, pour théâtre de ses expériences au collège de France, une cave humide et refroidie (2).

(1) Voir page 81.
(2) Discours de M. *Jules Ferry*, aux Sociétés savantes, 9 avril 1879.

Ces efforts néanmoins ne suffiraient pas si les dotations individuelles ne venaient pas alléger les charges de l'État, des départements et des communes Or, ces dotations, elles se manifestent sous la forme de fondations d'écoles libres. Combien d'écoles primaires fondées avec les ressources des particuliers ; combien de salles d'asile portant le nom d'un fondateur ? Dans un ordre supérieur, combien d'améliorations apportées dans nos facultés de l'État depuis la création des universités libres ! Ces progrès sont le résultat de la concurrence. Dans la sphère du commerce et de l'industrie, la concurrence est un élément de perfectionnement : en matière d'enseignement, elle est aussi un puissant moyen d'intéresser les particuliers au développement de l'instruction en France.

Peu de personnes donnent à l'État, aux établissements largement dotés par lui : le fondateur donnera volontiers pour la création d'une école portant son nom, conservant le caractère propre qu'il lui aura imprimé, ne vivant que grâce à lui sans demander à l'État ses moyens d'existence.

Pour laisser à ce sentiment si naturel chez un fondateur les moyens de se traduire, il faut le principe de la libre concurrence permettant d'ouvrir des écoles dans les sages conditions édictées par les lois de 1850 et de 1875.

Que l'on consulte la statistique des dons et legs depuis que l'Université a perdu son monopole, et l'on reconnaîtra sans peine que c'est au principe même de la concurrence que nous devons les bienfaits réalisés dans le service de l'enseignement.

CHAPITRE IV

Des dons et legs en faveur du service du culte.

Après le service de la bienfaisance, après le service de l'enseignement, nous abordons le service du culte qui n'est pas le moins intéressant. Maintes fois déjà nous avons parlé des personnes morales rentrant plus ou moins dans l'organisation du culte : nous les avons même désignées sous le nom d'établissements ecclésiastiques et religieux. Ces deux termes ne sont pas identiques. Chacun d'eux répond à un ordre d'idées différent.

Les établissements ecclésiastiques répondent à des intérêts d'un ordre général : à ce titre, ils sont rattachés à l'organisation administrative : ils tiennent leur vie civile des lois organiques du culte : ils n'ont pas besoin d'un décret spécial pour exister légalement : le seul fait de leur création les rend aptes à jouir de la personnalité juridique. Ils sont en un mot des établissements publics. Tels sont les fabriques, les cures et succursales, évêchés, chapitres, séminaires, consistoires protestants et israélites.

Les établissements religieux sont des institutions utiles dans la sphère des intérêts religieux, mais nullement indispensables comme les précédents. Créés par des particuliers, ils sont reconnus à titre d'établissements d'utilité publique. Il y a donc entre eux et les premiers les différences qui existent entre les établissements publics d'une part, les établissements d'utilité publique de l'autre. Cette seconde catégorie comprend les congrégations et communautés religieuses légalement reconnues.

Cette distinction n'est pas notre œuvre. Nous l'avons trouvée dans le titre de certaines lois traitant des dons et legs en leur faveur.

C'est ainsi que la loi du 2 janvier 1817 ne parle que des établissements ecclésiastiques et que l'ordonnance du 14 janvier 1831 (art. 1 et 4) traite à la fois des établissements ecclésiastiques et des établissements religieux.

De là les trois paragraphes suivants :

§ 1er *Des établissements ecclésiastiques donataires ou légataires.*

§ 2e *Des fondations pieuses ou legs pies.*

§ 3e *Des dons et legs en faveur des congrégations religieuses autorisées.*

---

§ Ier

Établissements ecclésiastiques donataires ou légataires.

I. Établissements du culte catholique. — II. Pouvoir compétent en matière d'autorisation — III. Consistoires protestants et synagogues.

I. Parmi les établissements consacrés au culte catholique, les uns ont pour fonction l'entretien des églises et du culte en général : ce sont les fabriques; les autres ont pour fonction de pourvoir aux besoins du clergé : ce sont les cures, évêchés, chapitres, séminaires.

Les fabriques supprimées par la Révolution, rétablies par l'art. 76 de la loi de germinal, organisées par le décret du 30 décembre 1809, représentées enfin par le conseil de fabrique et le bureau des marguillers, pris au sein de ce conseil (1), personnifient en quelque sorte l'unité paroissiale, qui est à la société religieuse ce que la commune est à la société civile. Il y a cette différence que les mandataires de la paroisse ne sont pas nommés à l'élection comme les conseillers municipaux, parce que, j'imagine, il eût été contraire au principe de la liberté de conscience d'avoir à déterminer au sein d'une population quels sont ceux des habitants qui professent une religion.

Parmi les ressources des fabriques, l'art. 36, 2 du décret de 1809

(1) Art. 7, 21 à 33, du décret de 1809.

place « le produit des biens, rentes et fondations qu'elles ont été ou pourront être autorisées à accepter. » Nous savons que ces libéralités sont fréquentes : elles ont pour objet l'entretien du culte, que les fabriques représentent spécialement. C'est pourquoi lui sont dévolus les dons et legs destinés à cette affectation, bien qu'elle ne soit pas désignée dans l'acte, comme nous l'avons vu dans notre première partie. L'acceptation sera faite par le trésorier, soit que les donateurs aient disposé spécialement en faveur des fabriques (ord. de 1817, 3), soit que le don ait été fait à une chapelle entretenue par une commune et dont l'érection a été autorisée. (Décret de 1809, art. 59).

A côté des biens des fabriques, il y avait autrefois des biens consacrés à subvenir aux besoins du clergé. C'étaient les bénéfices. On peut définir les bénéfices : Des revenus attachés à perpétuité à une fonction ou dignité ecclésiastique. Cette particularité se retrouve encore dans le décret du 13 novembre 1813, sur la conservation et l'administration des biens du clergé.

En effet. 1° les curés et desservants jouissent d'un ensemble de biens, sorte de dotation attachée à l'office qu'ils exercent. On en a fait, sous le nom de mense curiale, une personne morale que nous avons vu instituée pour fondations charitables et scolaires.

2° De même pour les évêques. Les biens des évêches forment la mense épiscopale, personne morale ayant des biens dont jouissent les titulaires successifs.

3° Les chapitres constituent également un être fictif. Le sujet de la propriété est ici une corporation, représentée par l'évêque.

4° Enfin les séminaires diocésains, rétablis par l'art. 2 de la loi de germinal, organisés par la loi du 23 ventose an XII, sont aussi des personnes morales, ayant un caractère mixte d'établissements à la fois scolaires et ecclésiastiques, représentés par l'évêque (1).

La capacité pour ces divers établissements de recueillir des dons et legs leur a été formellement reconnue par la loi du 2 janvier 1817, art. 1 et l'ord. du 2 avril 1817, art. 3.

Faut-il ajouter à ces personnes morales les diocèses ? Un grand débat s'est élevé sur ce point à l'Assemblée nationale, lors de la discussion de la loi sur l'enseignement supérieur. M. Chesnelong ayant revendiqué pour les diocèses le droit de fonder des universités, son amendement voté en seconde lecture fut rejeté à la troisième, sur l'objection assez fondée qu'il tranchait incidemment une grave question qui n'avait rien à faire au projet de loi. La jurisprudence administrative semble cependant s'être fixée en faveur des diocèses, personnes morales, par un avis de principe du 13 mai 1874, rendu sur les conclusions conformes de M. Jules Simon (2). Cet avis a déclaré que « les diocèses étant capables de posséder, d'acquérir et de recevoir, les évêques peuvent être autorisés à accepter les libéralités faites à leur diocèse. »

(1) Décret de 1813, — art. 6, 8, 9, 12, — art. 29 à 48, — 49 à 61, — art. 62 à 80.
(2) Voir lettre fort remarquable de M. Jules Simon à M. le Président du C. d'État, le 29 novembre 1872.

II. Les établissements ecclésiastiques étant connus, quel est le pouvoir compétent en matière d'autorisation? Ce sera le pouvoir central, à la différence des établissements charitables, qui ont pour tuteur de droit commun le préfet, et par exception le chef de l'État. C'est en effet un principe reconnu que toutes affaires touchant au culte sont restées en dehors des décrets dits de décentralisation. Le Gouvernement a pensé que la main-morte était surtout à redouter dans le domaine religieux et, par suite, que l'intérêt général commandait que le pouvoir supérieur, gardien de l'unité, examinât sans exception toutes les questions concernant le culte.

D'après le décret du 30 décembre 1809 (article 59), c'était le chef de l'État qui autorisait les dons et les legs aux fabriques et aux autres établissements. L'ordonnance du 2 avril 1817 a délégué, par exception, ce pouvoir au Préfet lorsque la valeur de la libéralité n'excède pas 300 fr. en argent ou objets mobiliers. On n'est pas allé plus loin dans la voie de la décentralisation, si ce n'est pour les fabriques qui, depuis le décret du 15 février 1862, n'ont besoin que d'un arrêté préfectoral, lorsque la valeur léguée n'excède par 1,000 fr., tant en argent, objets mobiliers ou rentes qu'en immeubles.

Il n'est rien innové en ce qui concerne les legs, objets de la réclamation des familles : ils devront toujours, quelle que soit leur valeur, être soumis à la décision du gouvernement. Sont également toujours applicables les règles précédemment posées, notamment dans la circulaire du 11 septembre 1839, l'avis du Conseil d'État du 27 décembre 1855 sur les libéralités connexes Ainsi, quand un même acte comprend des dispositions pour la fabrique et d'autres pour des établissements ecclésiastiques, il suffira pour rendre un décret nécessaire que ces dernières dépassent la valeur de 300 fr. ou consistent en immeubles, bien que celles en faveur de la fabrique ne dépassent pas 300 fr.

Le droit commun s'applique encore lorsque le legs est grevé de certaines charges autres que « l'acquit de fondations pieuses dans les églises paroissiales, dispositions au profit des communes, hospices, pauvres ou bureaux de bienfaisance. » Ainsi, une donation de 300 à 1,000 fr. faite à charge de concession de banc dans une église, à charge de services religieux dans la chapelle d'une communauté religieuse, d'entretien d'une tombe, etc., doit être autorisée non par arrêté préfectoral, mais par décret en Conseil d'État (Voir instruction ministérielle fondamentale du 10 avril 1862).

Il arrive souvent que l'acte de disposition parle de paroisse. Quel est alors le véritable légataire? Le mot paroisse peut être entendu, selon la circonstance, dans trois acceptions différentes. Il peut désigner la cure, la fabrique ou la commune. Ainsi, un legs fait à la paroisse dans l'intérêt des curés et vicaires successifs sera évidemment accepté par le curé au profit de la mense curiale. Si le legs est fait à la paroisse pour l'entretien d'une chapelle de l'église, pour une fondation de services religieux, la fabrique est réputée légataire. Enfin, si le legs a une destination d'intérêt communal, telle que la réparation d'un chemin ou d'une place, le service de l'instruction primaire, le testateur est présumé avoir eu en vue la commune à l'exclusion de la cure et de la fabrique. C'est en somme une question d'interprétation. Pour la trancher, on pourrait s'adresser à l'héritier pour qu'il déclare quelle était, en réalité, l'intention du testateur. C'est ainsi qu'on a fait d'un legs adressé à une paroisse de Marsillargues (Hérault) pour les écoles et les besoins de l'église (1).

L'autorisation est donnée à la suite de nombreuses formalités, que nous avons expliquées et auxquelles nous renvoyons (2).

Remarquons seulement deux points spéciaux à cette matière :

1° Défense de donner avec réserve d'usufruit aux établissements ecclésiastiques ou religieux (article 4, ordonnance, 14 janvier 1831). On avait remarqué la tendance générale à substituer la forme de la donation entre vifs avec réserve d'usufruit à la forme testamentaire. C'était un détour pour échapper à la surveillance du gouvernement. On a cru pouvoir généraliser cette interdiction. C'est ainsi qu'une circulaire du 5 décembre 1863 sur les établissements de bienfaisance dit que cette mesure doit leur être appliquée par analogie. En 1865, le ministre de l'Intérieur, consulté par un préfet, a étendu l'article 4 aux communes elles-mêmes. Je trouve cette extension absolument illégale. Elle a pour conséquence une dérogation au droit commun, la capacité générale et absolue des personnes morales. Il ne saurait appartenir à un ministre de faire la loi.

2° Les libéralités en faveur du service du culte rendent nécessaire l'intervention de l'évêque. Elle a lieu de deux manières : si la donation contient des fondations de services religieux, l'évêque doit approuver provisoirement la disposition (ordonnance du 2 avril 1817). Personne, en effet, ne peut mieux que lui apprécier la nature et l'importance de cette charge. S'il s'agit d'une simple donation, c'est une pure affaire civile. On pourrait ne pas consulter l'évêque : on a pensé qu'il était convenable de lui demander son opinion : mais c'est un simple avis et non une décision. Lorsque l'approbation est nécessaire, il se produit un fait curieux. Le gouvernement ne peut pas réduire, sans cette approbation qui constitue une formalité essentielle : il suit que le refus de l'évêque peut mettre l'autorité dans l'alternative d'admettre ou de rejeter la libéralité dans son entier (3).

III. Nous avons peu de chose à dire des établissement du culte protestant. Ils sont soumis aux règles qui précèdent sur les conditions d'acceptation et d'autorisation. On remarquera seulement qu'ici la dotation des églises n'est pas séparée de celle des ministres. Le consistoire remplit à la fois la fonction des fabriques et des cures. Par

(1) Décret du 22 avril 1874.

(2) Ord., 14 janv. 1831, circul. du 5 mai 1852, instruct. générale du 10 avril 1862, décret du 30 juillet 1863.

(3) Dufour, liv. V, n° 315.

suite, c'est au conseil consistorial ou presbytéral à figurer dans l'acceptation des dons et legs faits pour la dotation des pasteurs ou l'entretien des temples (1).

Enfin, les consistoires israélites sont aussi des personnes morales. L'ordonnance du 25 mai 1844 (article 51), qui les a réorganisés, exige même expressement l'autorisation préalable pour l'acceptation de dons et legs.

---

§ IIme

Des fondations pieuses ou legs pies.

I. Caractère spécial des fondations pieuses. — II. Dons et legs pour messes. — III. Les fondations de messes pouvant prendre la forme de contrats commutatifs ; Conséquences.

I. Les fondations religieuses n'ont pas toujours le caractère que présentent invariablement les fondations charitables et scolaires. En étudiant celles-ci, nous avons toujours eu à la pensée un acte d'entière libéralité. C'était l'affectation absolument gratuite d'un fonds à une institution existante ou à créer. C'était l'intention pour le fondateur de pourvoir aux charges d'un service public sans lui en imposer de nouvelles : c'était de sa part, en un mot, un legs pur et simple, s'appelant seulement fondation, à raison du caractère de durée et de permanence qui y était attaché.

Les fondations religieuses peuvent avoir ce caractère de pure libéralité. Je lègue, à une fabrique, un capital ou un immeuble pour lui créer un revenu diminuant ses charges ou quelques-unes d'entre elles : je fais une fondation dans le sens de celles que nous avons vues. Je crée pour un diocèse un revenu dont je ne détermine pas l'emploi, ou, le déterminant, je l'affecte aux intérêts généraux du culte, aux besoins des prêtres infirmes, à l'entretien des édifices diocésains, toutes charges propres au diocèse : je fais un acte de pure libéralité.

Mais le plus souvent, tout autre est la physionomie d'une fondation religieuse. Elle éveille plutôt l'idée de charges, l'idée de donation ou legs *sub onere*. C'est une somme d'argent, un immeuble donné à un établissement ecclésiastique à la condition d'affecter tout, ou partie du produit à la célébration de services religieux, ou de prières pour les intentions et le repos de l'âme du fondateur. Loin de diminuer les charges de l'établissement, on lui en impose de nouvelles. Les services religieux particuliers en effet ne sont pas gra-

(1) Ord. du 2 avril 1817, 10 germinal an X, décret du 26 mars 1852.

tuits Ils exigent, entre autre frais, pour les ecclésiastiques officiants des honoraires fixés par les règlements épiscopaux. Sans doute les revenus de la fondation y pourvoiront. Mais ainsi définie, on ne peut pas dire que la fondation religieuse soit une véritable libéralité. Elle comporte un mélange de disposition à titre gratuit et à titre onéreux. Retenons ce caractère mixte, pour en tirer bientôt des conséquences.

Supprimées par la Révolution, les fondations furent rétablies en principe par l'art. 15 du Concordat, mais l'art. 73 des décrets organiques avait déclaré « que les fondations ayant pour objets l'entretien des ministres et l'exercice du culte ne pourraient consister qu'en rentes, constituées sur l'État. » C'était une gêne considérable imposée aux fondateurs. La loi du 2 janvier 1817 (art. 2) la fit disparaître. « Tout établissement ecclésiastique reconnu par la loi peut avec l'autorisation du roi acquérir des biens, immeubles ou des rentes. »

II. Une première question se présente. Un legs est fait pour célébration de messes ; aucun établissement ecclésiastique n'est dénommé au testament. Quel est celui qui peut y prétendre ? C'est évidemment la fabrique, représentant légal du service du culte. Donc en cas de silence du fondateur, la fabrique peut invoquer le caractère même de son institution pour faire valoir ses droits à la disposition. Mais il va surgir une difficulté. La fabrique n'est pas nommée, elle n'est pas appelée directement, le testateur dit : « Je laisse une somme de..... pour faire dire des messes ... Je charge mes héritiers, mon légataire de prélever telle somme pour des prières à mon intention... » Le testateur s'adresse donc, non pas à la fabrique, mais à un particulier. «Cette disposition est-elle juridiquement valable ? on l'a attaquée comme s'adressant à une personne incertaine : car, a-t-on dit, il est évident que la personne désignée n'est que légataire apparent, et le véritable bénéficiaire n'est pas nommé ? MM. Aubry et Rau ont parfaitement répondu que « de pareilles dispositions faites, non dans l'intérêt d'un tiers, mais dans celui du testateur lui-même constituent bien moins des legs que des charges de la succession » (1). La Cour de cassation a qualifié cette disposition « une rétribution qui, étant due pour un service n'a pas le caractère d'une libéralité » (2). La Cour de Paris, dans un récent arrêt vient de confirmer cette jurisprudence : « Considérant que les 7000 destinés aux messes à dire, loin d'être une libéralité ne sont que la rémunération légitime ..... que la personne chargée de les faire dire reçoit ainsi du testateur un mandat de confiance et d'honneur imposé à la conscience (3) ». — Cette disposition n'est donc pas nulle comme faite à une personne incertaine. Mais la tenant pour valable devons-nous, la soumettre à l'autorisation du gouvernement, conformément à l'art. 910 ? C'est là qu'est la difficulté.

(1) Aubry et Rau t. VII. p. 71.
(2) Cass. 13 juillet 1859-59, 1. 322.
(3) Paris 23 nov. 1877-78, 2, 213. V. sur ce point les remarquables conclusions de M. Chopin d'Arnouville, avocat général.

La jurisprudence administrative fait une distinction. La fondation est elle permanente, c'est-à dire les services doivent-ils être acquittés annuellement soit à perpétuité, soit pendant un nombre d'années plus au moins grand, la fabrique intervient comme représentant du service du culte et partant demande l'autorisation d'accepter prescrite par l'art. 910. S'agit-il de services religieux, de messes une fois dites, elle considère le legs comme une charge qui incombe soit à l'héritier, soit à l'exécuteur testamentaire. Donc le gouvernement n'intervient pas (1).

La juriprudence des tribunaux au contraire écarte les fabriques, comme nous venons de le voir, et avec elles le principe de l'art. 910. Elle dit : Cette disposition ne constitue une libéralité vis-à-vis de personne. Les ecclésiastiques célébrant les messes reçoivent une rétribution et non pas une libéralité. Dans une espèce jugée par la Cour de Douai, le testateur avait ordonné que cent messes seraient annuellement chantées pendant 80 ans après sa mort : il n'instituait pas la fabrique : il nommait un exécuteur testamentaire. Les fabriques intéressées demandèrent la délivrance du legs : elles furent déclarées non recevables. La Cour déclara que le testateur ne les avait instituées ni directement, ni indirectement (2).

Cette dernière opinion nous paraît préférable Elle ne présente pas des incertitudes et des inconséquences comme celle de l'administration des cultes. Celle-ci dit en effet : Dans un cas, il y a charge, dans l'autre il y a libéralité. Pourquoi cette distinction? Est-ce parce que, si la fondation est permanente, il faut une autorité permanente pour assurer le service de la fondation ? Mais il s'agit de savoir s'il pèse sur l'héritier une véritable obligation, ou bien un devoir de conscience, un devoir pieux. Il a pu du reste nommer à cet effet des exécuteur testamentaires.—Serait-ce que dans ce cas le service du culte est en cause, et non dans l'autre ? Mais la durée d'une fondation diminue l'intérêt sans le faire disparaître. Le motif est plutôt qu'on a voulu restreindre des fondations excessives en soumettant celles qui étaient permanentes à l'autorisation gouvernementale.

L'administration ne le pouvait qu'en prenant le legs comme fait en faveur d'une personne morale, la fabrique. Sans doute le motif a sa valeur, et nous sommes des partisans résolus de l'art. 910. Mais il faut avouer que ce principe n'a que faire ici. C'est un principe restrictif. Or il suppose une libéralité faite à une personne morale. Si la fabrique est instituée légataire, oh ! alors, nous comprenons la distinction : elle est juste. Mais en dehors de ce cas, sur quoi le gouvernement peut-il se fonder pour limiter les prières qu'un homme qui vient de mourir, a jugées nécessaires au salut de son âme?

(1) Avis du C. d'État, 29 mars, 17 oct. 1833, 12 décembre 39. — Décision ministér. 8 février 1850. 7 juin 1851. janvier 51. 1 juillet 1870. V. *J. des Communes* t. 15, 63.
(2) Dalloz 55, 2, 175 V. aussi Bordeaux 23 juin 56, 57, 2, 62.

L'autorité n'a pas à entrer dans le domaine de la conscience. L'article 910 et l'ordonnance 1817 ne s'appliquent pas à des services demandés et rendus.

On nous dira : Mais si la fabrique n'intervient pas, l'exécution des volontés du testateur sera à la merci de ceux qui le représentent. Non : Car nous sommes en présence d'une donation *sub modo*. Dès lors, ou bien il y a un légataire universel, et alors le successible qui, à défaut, aurait recueilli la succession peut réclamer, contre le légataire jouissant de la saisine, l'exécution de la charge (1). Ou bien la charge a été imposée à des héritiers *ab intestato*, et alors il y a un exécuteur testamentaire. Celui-ci pourra poursuivre contre eux l'exécution de cette charge (art. 10, 31) (2). Il n'y aura donc que le cas où aucun exécuteur testamentaire n'a été nommé. Mais alors l'intention du testateur n'a-t-elle pas été précisément de s'adresser à la conscience de l'héritier, de lui donner un mandat de confiance et d'honneur.

Où ne va-t-on pas avec la jurisprudence administrative ? Elle admet même une restriction à ce que nous avons dit pour le cas de messes une fois dites. Dans ce cas en effet si la disposition porte sur tout un mobilier ou une quotité de biens, elle veut que le legs soit autorisé pour que la demande en délivrance puisse être faite. Il s'agit cependant de messes une fois dites. Mais pourquoi un legs à titre universel de 10,000 fr. devra-t-il être autorisé, et non un legs à titre particulier de la même somme ? On finit par décider dans cette doctrine que c'est à l'administration à apprécier les différentes espèces, c'est-à-dire qu'il n'y a aucune règle, aucun principe (3).

Concluons donc que cette jurisprudence administrative est arbitraire, que la fabrique n'a pas à intervenir, si elle n'est pas directement appelée et que les représentants du défunt pourront, bien entendu, faire dire les messes par qui ils voudront, à moins de désignation spéciale. Et alors de deux choses l'une : s'ils profitent de ce mandat pour s'adresser à la fabrique, nous sommes en présence d'une disposition directe régie par les principes que nous allons voir ; s'ils en profitent pour gratifier un établissement non reconnu, les intéressés peuvent prouver par tous moyens possibles l'interposition de personnes. Ce système respecte donc tous les principes.

III. Arrivons au cas où la fondation est directement adressée à un établissement ecclésiastique. Le décret d'autorisation est intervenu. Quelles seront ses obligations ?

L'exécution d'une fondation de services religieux est subordonnée à la conservation des biens qui lui sont consacrés. Elle a une existence propre qui ne permet pas de confondre sa dotation particulière avec celle de la fabrique. Celle-ci ne peut disposer des fonds qui resteront intégralement affectés à l'acquit des charges. Si elle

(1) Troplong IV, 2131. Aubry. et Rau. t. VII. p. 171. — Grenoble, 10 mai 1812, 2, 173.
(2) Troplong IV. 2025 Dem. XVII, 80 — Aubry Rau. t. VII, p. 152.
(3) Voir Vuillefroy, *du Culte catholique*, p. 338. Note a.

consiste en numéraire, elle doit être employée en rentes. Le titre doit constater l'origine des capitaux, leur destination et les charges dont ils sont grevés. L'excédant des revenus est pour la fabrique, et c'est en cela que la fondation a un caractère de libéralité. Mais si les revenus deviennent insuffisants, l'autorité diocésaine peut réduire les charges (1). Ceci nous ramène au caractère que peuvent présenter les fondations directement faites aux fabriques et autres établissements. Elles sont de deux sortes :

1° Celles qui conservent le caractère de libéralité. Le revenu excède notablement les charges, et le fondateur a certainement voulu avantager la fabrique. Ainsi d'une rente annuelle de 200 fr. pour une messe basse par an. C'est une vraie libéralité. Elle est régie par les art. 893 à 1047.

2° Celles, les plus fréquentes, chez lesquelles domine le caractère à titre onéreux : le fondateur fait un très-modique avantage, à peine suffisant pour déterminer la fabrique à accepter. On donne une rente de 25 à 30 fr. pour un service annuel. Les anciens jurisconsultes distinguaient très-bien la fondation avec charges des fondations sans charges, et soumettaient les dernières seulement à l'insinuation (2). Tenant cette distinction, pourquoi ne pas donner à l'acte de fondation avec charges la forme d'un contrat synallagmatique? Si l'acte est passé du vivant du fondateur par le fondateur lui-même, ce sera un contrat avec terme. Mais le terme n'empêche pas le contrat d'être parfait, l'exécution seule est retardée (art. 1185). Si au contraire le fondateur ne manifeste son intention que partiellement, et c'est l'hypothèse de tout à l'heure (il ne fait pas un legs à la fabrique, c'est une charge de succession), les héritiers peuvent s'en acquitter, en passant avec la fabrique le contrat à titre onéreux dont nous venons de parler. On devine les avantages. L'acte pourra se faire sous seing privé, il ne sera pas révocable pour cause de survenance d'enfants ; il échappera à des droits considérables d'enregistrement (3). Et en droit cette forme ne saurait être critiquée. La fondation a toujours quelque chose du contrat commutatif : elle se confond même avec lui, lorsqu'il ne reste (c'est notre cas) qu'un faible émolument, qui lui-même ne représente que le prix de l'administration de la rente. On ne peut dès lors voir là une donation déguisée sous la forme d'un contrat à titre onéreux lorsque le fondateur ou les héritiers d'une part, — le trésorier de la fabrique d'autre part, déclarent expressément ce à quoi ils s'obligent.

Il va sans dire que les formalités seront différentes. Dans le premier cas, art. 910 et 59 du règl. du 30 décembre 1809. Ici, titre III du Code civil et art. 28 du règlement. « Tous les marchés sont arrêtés par le bureau des marguilliers. » L'autorisation de l'évêque sera toujours nécessaire. De même l'approbation de l'autorité civile.

(1) V. Règl. du 30 décembre 1809, 31, 59 et suiv. — Décret de 1809, art. 29.
(2) Arrêt du Parlement du 19 juillet 1665. Thibault-Lefèvre, p. 30.
(3) 3 0/0, loi du 18 juin 1830, plus les doubles décimes.

Mais quelle sera cette autorité ? Je crois que les préfets ne seront pas compétents même dans les limites déterminées par l'ord. de 1817 et du 15 février 1862. En effet, ces textes ne statuent que sur les dons et legs. Nous tomberons sous le coup de l'art. 2 de l'ord. du 11 janvier 1831. « Aucun notaire ne pourra passer acte de vente...... s'il n'est justifié de l'ord. royale portant l'autorisation de l'acte. » Un décret sera donc nécessaire pour une fondation, au-dessous même de 300 fr. Cela est logique : les établissements publics sont sous la tutelle du Gouvernement, qui l'exerce d'autant plus étroitement que l'acte étant à titre onéreux peut léser davantage les intérêts de l'établissement.

Il s'écoulera un certain temps avant que ce décret intervienne. Mais qu'importe ? L'autorisation rend le contrat parfait rétroactivement. La condition de l'approbation suspend l'exécution du contrat : mais elle laisse subsister un droit, un lien juridique formé entre les partie, et que ni l'une ni l'autre ne peut briser. Ceci est très-important, puisque la jurisprudence refuse aux établissements ecclésiastiques l'acceptation provisoire.

Enfin, déduisant jusqu'au bout les conséquences des principes posés, nous dirons : Une fondation à titre onéreux peut être faite avec réserve d'usufruit. L'ordonnance de 1831, en effet, ne vise que les donations. C'est une exception au droit commun : il ne faut pas l'étendre. Le contrat étant commutatif, il doit être permis de n'attribuer aux fabriques des églises désignées pour la célépration de services religieux que la nue propriété des sommes, valeurs ou rentes destinées à servir de gage à la fondation (1).

A ces observations on objectera peut-être que nous assayons de tourner l'article 910. Nous répondons qu'au contraire, pleins de respect pour ce principe que nous croyons avoir vivement défendu, il est ici sauvegardé plus sûrement encore, puisqu'un décret du chef de l'État étant toujours nécessaire, il appartiendra au pouvoir central de voir si la libéralité est déguisée, auquel cas son droit de refus retrouvera sa pleine et entière application.

(1) Contra, jurisp. du C. d'État, avis du 21 avril 1871.

---

§ IIIme

Des dons et legs en faveur des congrégations religieuses autorisées.

I. Aperçu historique.— II. Dérogations apportées par la loi de 1825 à leur capacité d'acquérir à titre gratuit. — III. De l'aumône dotale. — IV. De la dévolution des biens donnés en cas de suppression.

I. L'histoire si agitée des congrégations religieuses est trop connue pour que nous ayons ici à la retracer, encore moins à la juger. Sachons, seulement, qu'elle traduit la pensée des régimes politiques qui se sont succédé, et bornons-nous à dire ce qui est indispensable à l'intelligence de notre sujet.

Le premier texte que nous trouvons est le décret du 4 novembre 1789, qui suspend l'émission des vœux monastiques dans le royaume.

Le second est le décret des 13 19 février 1790, décret remarquable en ce qu'il ne prononce pas, comme on l'a prétendu, la suppression matérielle et brutale des congrégations religieuses. Non, les articles 2, 3, décident, au contraire, qu'il sera indiqué des maisons où seront tenus de se retirer les religieuses. Sans doute, l'article 1er déclarait supprimées les congrégations religieuses. Mais cela voulait dire qu'elles étaient abolies comme corps, comme établissements de main-morte ; elles restaient libres en tant qu'association n'ayant pas la personnalité juridique (1).

L'Assemblée constituante faisait ainsi une distinction justement fondée entre le droit d'association, droit naturel, et le droit à la personnalité juridique, droit exorbitant, ne pouvant résulter que d'une autorisation. Deux ans après, tout était confondu. Le décret du 18 août 1792 prohibait jusqu'au nom même des congrégations. Il fallut le décret de messidor an XII pour remplacer par le système préventif le système de proscription absolue. L'article 4 de ce fameux décret « permit aux associations d'hommes ou de femmes de se former à l'avenir, sous prétexte de religion, sous la condition d'obtenir au préalable l'autorisation du gouvernement. » Ce décret a-t-il été abrogé ? Grosse question vivement discutée, aujourd'hui, entre les adversaires et les partisans des congrégations religieuses non reconnues, mais à laquelle nous n'avons pas à toucher. Seules, en effet, les congrégations religieuses reconnues constituent des établissements d'utilité publique, des personnes morales.

(1) Voir rapport de Treilhard,... *Revue catholique de droit*, mai 1878 .., Gide, p. 240.,.. discussion des projets de loi Ferry..., discours de M. Gaslonde, 23 juin 1879.

Seules, d'après la loi du 2 janvier 1817, elles ont la capacité d'acquérir à titre gratuit. Soyons donc fidèles à notre programme, et laissant de côté ce sujet, brûlant d'actualité, étudions la législation spéciale qui gouverne les dons et legs en faveur des congrégations religieuses reconnues (1).

II. Le principe que toute personne morale peut acquérir librement sous la seule condition de l'autorisation préalable a subi, pour les congrégations religieuses, des restrictions considérables, édictées par la loi fondamentale du 24 mai 1825. Cette loi ne concerne que les communautés de femmes. Celle des hommes, qui existent, il est vrai, en petit nombre, (2) sont restées dans le droit commun que nous avons exposé.

Première dérogation. Elles ne peuvent recevoir qu'à titre particulier (art. 4, 1). »

Quel est le fondement de cette restriction ? On a voulu, dit-on, protéger l'établissement. Tout légataire universel contribue aux dettes. Il faut empêcher la personne morale de subir les conséquences d'une acceptation qui pourrait être onéreuse. Singulière sollicitude du législateur, si vraiment elle l'eût inspiré. Non, la vérité est qu'on a voulu empêcher de trop grandes dispositions en leur faveur. Sans doute, le moyen n'est pas heureux. Car on peut, sous forme de legs, à titre particulier, léguer une partie considérable, sinon la totalité de sa fortune. Mais il a cet avantage d'obliger le disposant à désigner expressément ce qu'il entend donner. L'autorité peut donc juger en pleine connaissance de cause.

Voyons la sanction de cet article 4-1. Une institution universelle ou à titre universel est-elle frappée d'une nullité absolue ou seulement réductible ? Elle est absolument nulle. L'article est formel, et si l'article 5 qui suit parle d'une disposition ne dépassant pas le quart, loin d'étendre la faculté de disposer, il apporte une nouvelle restriction basée sur la situation relative du disposant (3). Et peu importe qui donne ; que la disposition émane d'une personne étrangère ou d'un membre de l'établissement, il ne peut recevoir qu'à titre particulier. Les termes ne font aucune distinction.

Le legs d'usufruit tomberait-il sous l'application de cet article ? Cela dépend du caractère juridique attribué au legs d'usufruit ; question vivement discutée. Si l'on admet que l'usufruit d'une quote part de biens constitue un legs à titre universel, il sera nul. Si, avec la majorité des auteurs, nous disons, c'est un legs à titre particulier, une congrégation pourra devenir, à titre gratuit, usufruitière d'une quote-part d'un patrimoine (4).

(1) Voir pour les règles de cette reconnaissance, loi du 2 janv. 1817, loi du 24 mai 1825, art. 1, 2, 3, décret du 31 décembre 1852.

(2) Ce sont les Frères des écoles chrétiennes (décret du 17 mars 1808, art. 109) ; les Lazaristes (ord. du 3 février 1816) ; les Missions étrangères (ord. du 2 mars 1815) ; St-Sulpice (ord. du 2 avril 1816).

(3) Demol., XVIII, 569. — Aub. Rau., t. VII et arrêts en note.

(4) Demol., XXI, 586, — Aub. Rau., p. 468.

Quant aux dons et legs qui comprennent l'universalité ou une quote part des biens en nue-propriété, il est certain qu'ils sont des dispositions à titre universel. Ils ne seront donc permis qu'autant qu'on les fera à titre particulier Et encore faudra-t-il distinguer entre les dispositions testamentaires et les dispositions entre vifs. Par testament on pourra léguer à titre particulier une propriété, soit que le testateur ait réservé l'usufruit à ses héritiers naturels, soit qu'il l'ait transmis à d'autres personnes. Dans un cas comme dans l'autre en effet, le testament n'ayant d'effet qu'au jour de la mort du testateur, la situation des parents, leur réclamation pourront être sainement appréciées par le Gouvernement. La donation entre vifs au contraire ne pourrait pas même être présentée à l'autorisation. On connait en effet l'art. 4, ord. de 1831. Mais, comme cette ord. sort du droit commun, elle doit être restreinte dans ses termes stricts, et la donation pourrait être présentée, si le disposant au lieu de réserver l'usufruit pour lui-même en avait disposé en faveur d'autres personnes (1).

Deuxième dérogation. — Art. 5. « Les Congrégations religieuses ne peuvent recevoir d'un de leurs membres au-delà du quart do ses biens, à moins qu'il ne s'agisse d'une somme inférieure à 10,000 fr. »

Ici point de doute sur le motif de cette restriction. On a voulu arrêter l'extension de la main-morte. Cette règle en effet n'atteint que les dispositions considérables, puisqu'une religieuse ayant pour tous biens 10,000 fr. peut donner la totalité. Il ne faudrait donc pas en déduire la création d'une nouvelle classe d'héritiers à réserve, qui comprendrait tous les parents de la religieuse jusqu'au collatéral au douzième degré. C'est tout simplement une restriction spéciale à la capacité de disposer de la religieuse vis-à-vis de son couvent. Elle conserve dans ses rapports avec sa famille la libre disposition de ses biens.

Mais, avons-nous déjà dit, l'art. 5 et l'art. 4 se contrarient. La disposition d'un quart est à titre universel : elle est donc valable, et cependant non, d'après l'art. 4. — Nous répondons que l'art. 5 ne déroge pas à l'art. 4, prohibitif de toute disposition universel ou à titre universel. Il statue pour un cas où la situation de la disposante accuse de sa part une tendance plus grande à des libéralités excessives ; et pour ce cas il a cru devoir établir des limites encore plus étroites. On ne peut supposer au législateur l'intention de détruire immédiatement après ce qu'il édicte dans l'art. précédent. Il veut dire qu'il faudra évaluer le legs à titre particulier, pour savoir s'il ne dépasse pas le quart du patrimoine. Et si cette quotité ou la valeur de 10,000 fr. est dépassée, se présente naturellement la question de savoir s'il faudra l'annuler radicalement comme plus haut.

Cette règle serait bien rigoureuse. Elle s'explique pour une violation directe comme celle de l'art. 4. La nullité doit être la sanction

(1) Voir les motifs de la circul. du 5 décembre 1853, qui en effet ne sont applicables qu'au cas où le disposant se réserve l'usufruit pour lui-même.

d'une violation flagrante, d'autant que permettre aux tribunaux dans cette même hypothèse de transformer une disposition à titre universel en une disposition à titre particulier serait détruire doublement l'œuvre du disposant en ne faisant pas ce qu'il a voulu faire et en faisant peut-être ce qu'il n'a pas voulu faire (1). Mais lorsqu'il s'agit d'un simple excès dans la quotité, ces arguments ne portent plus. La loi d'abord n'est pas violée d'une manière absolue : elle ne l'est que dans une certaine mesure. Et tous les jours les tribunaux exercent le droit de réduction en matière de donations dépassant la quotité disponible (2).

TROISIÈME DÉROGATION. — (Art. 5. — 1 et 2).

« Un membre de l'établissement ne peut recevoir d'un autre membre au-delà du quart de ses biens, à moins que le don ou le legs n'excède 10,000 fr. Cette prohibition cesse si le légataire ou donataire est héritier en ligne directe de la personne qui dispose. »

C'est une dérogation importante à ce principe que nous avons relevé que le fait d'appartenir à une congrégation religieuse non reconnue, *a fortiori* à une congrégation reconnue, ne porte nulle atteinte à la capacité des membres qui la composent On a pensé qu'en fait le plus souvent une libéralité faite dans ces conditions s'adressait à la communauté; — qu'il serait difficile de prouver l'interposition; que le plus sûr moyen d'empêcher les familles d'être dépouillées était de poser cette limite.

Une première question se présente. L'art. 4 s'applique-t-il aux religieuses, c'est-à-dire ne peuvent-elles recevoir qu'à titre particulier ? Je ne le pense pas. Il faudrait une disposition formelle, et l'art 4 ne vise que les établissements. L'art. 5 règle le sort des dispositions que les religieuses se font entre elles : il fixe une quotité, un taux que la libéralité ne doit pas dépasser. Les religieuses pourront donc recevoir à titre universel, pourvu que ces dispositions ne dépassent pas le quart ou une valeur de 10,000 fr. Si donc il y a excès, il y aura réduction à la quotité (3).

Une seconde question très-grave est celle de savoir si les religieuses sont frappées d'une présomption d'interposition de personnes au profit des couvents. D'abord, point de présomption *juris* et *de jure*, ce n'est pas douteux. Aucun texte n'en parle, et, si elle eût été dans la pensée du législateur, trouverions-nous un art. 5 permettant à la religieuse de donner à un membre de la communauté et distinguant le cas où elle donne à la communauté ? (4) Mais n'y a-t-il pas une présomption simple, mettant à la charge de la congrégation la preuve que la véritable gratifiée c'est la religieuse désignée au testament (5) ? Non, dirons-nous : car l'interposition de personnes est une fraude,

(1) Troplong. Donat et test. t. II, n° 693.
(2) Aubry-Rau, t. VII, p. 37.
(3) Aubry et Rau, p. 47. — Req. 2 mars 1846.
(4) Cassat. 6 août 1862, 62, 1. 337. — 4 et 26 avril 1865, 65, 1. 210. — 1. 368.
(5) Voir au chapitre des établissements non reconnus.

et la fraude ne se présume pas. La preuve est donc à la charge des intéressés : les juges ont, quant au mode de preuve, un pouvoir discrétionnaire. Il n'est pas nécessaire qu'il y ait eu concert entre la testatrice et la légataire (1).

L'existence du fidéicommis peut se prouver par des présomptions graves, précises et concordantes (2) Mais le fidéicommis ne saurait résulter seulement d'une communauté d'idées ou de sentiments, « véritable parenté morale, qui peut au contraire être souvent la démonstration d'une libéralité s'adressant sur la tête du légataire, quel que puisse être l'emploi ultérieur de la fortune léguée » (3). Ce qu'il faut prouver, c'est que le testateur a eu l'intention de ne pas gratifier le légataire apparent et de le prendre seulement comme intermédiaire entre lui et le légataire véritable : il n'est pas nécessaire que le légataire apparent ait connu d'avance la volonté du testateur ou promis de l'exécuter (4). Tels sont les principes d'une jurisprudence constante.

A côté de l'exception au droit commun, nous devons parler du retour au droit commun. L'art. 5 cesse de s'appliquer : 1° lorsque le legs ne dépasse pas 10,000 fr.; la religieuse peut alors donner au delà du quart ; 2° lorsque la légataire est son héritière en ligne directe ; « 3° le présent article ne recevra son exécution, pour les communautés déjà autorisées, que six mois après la publication de la présente loi, et, pour celles qui seraient autorisées à l'avenir, que six mois après l'autorisation accordée. »

Ce dernier point mérite d'être remarqué. On a voulu permettre aux communautés de régulariser une situation où elles se trouvent quelquefois. Il arrive souvent que des immeubles reposent sur la tête d'un membre qui n'en est que le propriétaire apparent, tant que la congrégation n'est pas reconnue. La reconnaissance intervenant, que se serait-il passé ? La religieuse ne pouvant plus disposer après l'autorisation que d'un quart, les trois quarts de ces biens seraient passés à des parents qui n'y ont aucun droit. Tel est le motif de ce retour au droit commun. Au prétexte qu'il faut arrêter l'extension de de la main-morte, on ne pouvait pas légitimer en quelque sorte le droit de s'enrichir aux dépens d'autrui.

Mais y aura-t-il là une donation ? Non, c'est un acte déclaratif plutôt qu'attributif. Il n'a de la donation que la forme. C'est le propriétaire apparent restituant un véritable maître. On appelle cet acte une rétrocession. Cette rétrocession doit être faite devant notaire : elle produit les mêmes effets qu'un acte de donation en forme, avec

(1) Req. 8 mars 61. — 61, 1. 230. — Limoges, 13 juillet, 70-71, 2, 12. — Nîmes, 18 janv. 71-75, 2, 11.

(2) Cass. 3 juin 1861. Dijon, 2 avril 71-75, t. 26. Cass. 13 décembre 75, t. 316.

(3) Grenoble octobre 75, confirmé par Cass. 15, 1875-76, t. 325.

(4) Arrêt de Nîmes précité, legs à Mgr Plantier.

l'avantage de n'être pas soumise aux droits de mutation d'une donation (1). Ces actes de rétrocessions se rencontrent du reste pour les établissement ecclésiastiques. C'est un curé, un évêque ou toute autre personne qui, dans un intérêt paroissial, diocésain, scolaire ou de bienfaisance, acquiert un immeuble avec des fonds provenant de quêtes et souscriptions recueillies dans ce but. Il est naturel que le propriétaire nominal s'en dessaisisse au profit d'une personne morale capable d'administrer cette œuvre. Le moyen employé de préférence à la donation est la rétrocession. L'acte de rétrocession, en effet, peut être approuvé, même après le décès de celui qui l'a souscrit, il n'est pas soumis aux causes de révocation qui atteignent les donations (2).

III. Telle est, au point de vue des dons et legs, la législation de 1825. Mais cette partie serait incomplète, si nous ne disions quelques mots des dots ou aumônes dotales. Aucune loi n'en donne la définition. La jurisprudence dit : « C'est un contrat commutatif, par lequel la communauté s'engage à nourrir, soigner, entretenir la personne qui est engagée à la communauté, moyennant le paiement de l'aumône dotale (3). » De cette définition il résulte :

1° Que la constitution de cette dot est dispensée des formes prescrites par les art. 931 et suiv.

2° Qu'elle ne compte pas dans le calcul du quart de l'article 5 précité (4).

3° Que l'article 717 ne s'applique par ici (5).

4° Que l'article 910 est également hors de cause, la communauté faisant un acte d'administration, à moins que l'importance de la libéralité n'effaçât le caractère de contrat commutatif et ne déguisât un avantage indirect (Chamb. civ., 10 février 1868).

L'aumône dotale doit résulter d'une manifestation formelle de volonté. Elle ne peut être acquise à la congrégation de plein droit par le seul fait de l'admission d'une novice. Insuffisante serait, sur ce point, une règle approuvée dans les statuts et permettant d'exiger une dot déterminée. Cette règle, en effet, ne saurait prévenir des engagements dont les conditions varient nécessairement chaque jour (6). Si donc il n'y a pas un acte dressé lors de l'entrée en religion, comme la dot est toujours supérieure à 150 fr., la communauté jouant le rôle de créancier doit faire la preuve. Quant à la quotité de la dot et aux fraudes qui peuvent se glisser, dans les ac-

(1) Circul. minist. 21 Juillet 1852 en exécution du décret du 31 janvier 1852. Exemples de ces rétrocessions, décret du 1 mars 1876 — Du 27 mars 1876. Bullet. des lois ecclésiast. 1876, p. 231.

(2) Décret du 16 juillet 1871, rétrocession faite par le curé de St-Sulpice à la cure de cette paroisse. — Décret du 23 avril 1871, rétrocession à la cure de St-Malo (Ille-et-Vilaine). V. *Journal des Fabriques*. 1875.

(3) C. d'Agen, 12 juillet 1876, V. Dalloz.

(4) Cassat., 2 décembre 1845.

(5) 1636. 2, 177.

(6) Cassat., 1815, 16, I. 113.

tes de ce genre, les statuts des communautés doivent, le plus souvent, servir de guide. Mais aux tribunaux reste toujours le droit de découvrir la fraude et le devoir de la réprimer.

IV. Nous devons, enfin, dire quel sort est réservé aux biens qui ont été donnés à une congrégation, celle-ci venant à disparaître. Une première cause de disparition est la révocation. L'article 6 de la loi de 1825 exige une loi. Il fallait prévoir les tendances d'un pouvoir ennemi des ordres religieux et empêcher des droits acquis, des biens placés sous la sauvegarde d'une reconnaissance solennelle, de disparaître sans motif, sous la seule force d'un décret arbitraire. A côté de la révocation, il y a l'extinction par la mort de tous les membres. On sait que l'être moral subsiste tant qu'il reste un seul membre (1). C'est une des conséquences de la personnalité juridique. Si ce seul membre disparaît, *quid juris* des biens de la personne morale ?

Dans ces deux cas, il est certain d'abord que, s'il ne s'agit que d'une succursale, la maison-mère recueille les biens, à moins que la condition de la donation ne la rende exclusive à la succursale. S'il s'agit, au contraire de la congrégation tout entière, allons-nous voir, comme dans une société ordinaire prenant fin par l'expiration du terme, une liquidation et le partage des biens communs ? Non : car les biens appartenaient à l'être fictif. La loi de 1825 a consacré ce principe, tout en essayant de respecter autant que possible les intentions du disposant. L'article 7 dit d'abord : « Les biens acquis par donations ou testament feront retour aux donateurs ou à leurs parents au degré successible. »

Nous retrouvons ici l'expression de l'article 747. Mais faut-il que les biens se retrouvent en nature ; sinon, les donner sur l'actif mobilier de la congrégation dissoute ? La loi étant muette à cet égard, il faut, je crois, s'en rapporter à l'article 747, qui est lui-même l'objet de discussions nombreuses, auxquelles nous renvoyons.

Ces prélèvements une fois opérés, les biens qui restent seront attribués, moitié aux établissements ecclésiastiques, moitié aux hospices du département, où était située la communauté. Le législateur a pensé, avec raison, que le disposant avait été mû par une pensée charitable, à laquelle il donne ainsi l'expression la plus naturelle. Il peut même arriver que le testateur n'ait pas laissé de parents au degré successible. Le droit d'accroissement s'exerce au profit des établissements religieux ou charitables qui recueillent alors la totalité du patrimoine.

Le législateur s'est également montré loyal et généreux, en assurant l'avenir des membres de la congrégation supprimée. Il leur a accordé une pension alimentaire à prélever sur les biens acquis à titre onéreux, d'abord, et subsidiairement sur les biens donnés ou

(1) Trib. Niort, 29 juillet 1844, Cassat., 23 mai 1849.

légués. On voit, par ces différentes dispositions, que le fisc n'a rien à prétendre sur les biens d'un ordre religieux légalement dissous.

La loi de 1875 sur la liberté de l'enseignement supérieur (art. 12), s'inspirant de ces mêmes motifs de prudence et d'équité, a consacré des dispositions analogues en faveur des Universités libres, reconnues établissements d'utilité publique. C'est dire assez que, sous l'empire de la législation moderne, le gouvernement le plus hostile, le plus arbitraire, le plus envahissant, n'aurait aucun avantage direct à la suppression de ces personnes morales.

CONCLUSION

Nous voici au terme de notre travail. Nous ne pourons mieux le résumer qu'en donnant un aperçu du chiffre des dons et legs autorisés durant ces dernières années en faveur des principales personnes morales que nous avons étudiées.

Je l'extrais d'un rapport de M. le Garde des Sceaux rendant compte à M. le Président de la République des travaux accomplis par le Conseil d'État, depuis sa reconstitution en 1872 jusqu'au 31 décembre 1877.

J'y relève les résultats suivants :

1° — Les dons et legs faits aux départements sont au nombre de 15 pour une valeur de 1,110,086 francs. — C'est peu et c'est encore beaucoup, en comparaison de la période de 1861 à 1865, qui ne mentionne que 68,118 francs.

2° — Nombreux sont au contraire les dons et legs en faveur des communes. Il y en a eu 1170, sur lesquels 1138 autorisés sans réserve, 15 réduits, 17 qui ont été l'objet d'un refus de la part de l'autorité. Ils représentent une valeur de 22,003,708 francs. De 1861 à 1865, les communes avaient reçu seulement 8,288,165 francs, soit environ deux tiers de moins. Le rapport constate que les charges imposées d'ordinaire aux communes comme conditions des dons et legs consistent dans l'obligation d'entretenir des écoles gratuites, de faire des distributions aux pauvres, de fonder des lits dans les hospices, ce qui, disons-le en passant, justifie bien les détails que nous avons donnés sur les fondations charitables et scolaires.

3° — Les établissements de bienfaisance n'ont pas été moins bien partagés. Les dons et legs acceptés par les hospices s'élèvent à la somme de 17,112,937 francs. Les bureaux de bienfaisance ont reçu 11,511,508 francs à Paris, l'assistance publique à elle seule a reçu 9,007,357 francs. De 1861 à 1865 ces établissements avaient reçu 31,123,239 francs, soit en moyenne par an 6,224,647 francs. Depuis 1872, ils ont recueilli un total de 37,631,801 francs, soit une moyenne annuelle de 7,526,560 francs, c'est-à-dire 1,302,313 francs de plus chaque année.

4° — Passons aux établissements ecclésiastiques. Le chiffre des libéralités faites aux évêchés a été de 5,155,899 francs. — Celles en faveur des chapitres à 253,209 francs, — celles en faveur des maisons de retraite des prêtres âgés et infirmes à 203,157 francs, — celles en faveur des séminaires à 2,428,327 francs, — en faveur des écoles secondaires ecclésiastiques à 1,153,857 francs. Les paroisses ou fabriques ont reçu 26,929,138 francs, dont 6,206,583 francs seulement en immeubles. Enfin les cures et succursales ont recueilli 3,910,059 fr.

En additionnant ces chiffres, on trouve 40,033,616 francs de dons et legs faits aux établissements ecclésiastiques, et en les comparant, dit le rapport, à la statistique de 1861 à 1865, on constate que la moyenne annuelle des libéralités a plus que doublé. Mais il importe de remarquer que sur ces 40 millions et plus, les libéralités avec charges s'élèvent à 37 millions environ Ces charges sont ordinairement des fondations en faveur des pauvres, des distributions de secours, des ouvertures d'écoles communales gratuites, des fondations de services religieux. Il en résulte que, les communes ayant alors un certain intérêt dans l'acceptation de la libéralité, elles se trouvent dénommées dans le décret d'autorisation qui, suivant la nouvelle jurisprudence, autorise le maire à accepter le bénéfice de la libéralité.

5° — Les congrégations religieuses (je ne parle toujours que des congrégations autorisées) n'ont pas été moins favorisées. Elles ont reçu de 1872 à 1877, la somme de 16,310,511 fr., dont 10 millions à peu près en valeurs mobilières et 5 millions en immeubles. Il n'y a eu que 78 réductions ou rejets sur 1788 demandes. C'est presque toujours en vue d'établissements d'écoles ou des services hospitaliers que les libéralités sont faites. On ne compte en effet que 5 millions environ de libéralités purement gratuites.

6° — Nous ne trouvons pas trace dans le rapport des libéralités faites aux Universités libres. La raison en est que leur reconnaissance comme établissements d'utilité publique est concomitante ou postérieure à 1877. Mais nul n'ignore que ces établissements considérables doivent leur création à l'initiative généreuse et féconde des particuliers.

Que conclure en présence de ces chiffres officiels ? — Que dire de ces libéralités augmentant dans une proportion considérable et venant en quelque sorte reconstituer le patrimoine des gens de mainmorte ?

Grave question qui s'impose à nos publicistes.

Les uns sans doute verront là un danger, les autres un bienfait pour la société. Les uns, craignant ou feignant de craindre sans cesse le retour d'un passé qui ne reviendra plus, demanderont au gouvernement d'être plus sobre d'autorisations. Les autres, au nom des services de la bienfaisance, de l'enseignement, du culte, etc., dont le fardeau pèse lourdement sur le budget de l'État, applaudiront à ces résultats et demanderont même la liberté et l'indépendance absolue pour les personnes morales d'acquérir à titre gratuit.

Pour nous, qui sommes partisans résolus du principe de l'intervention de l'État dans l'acceptation des dons et legs, nous pouvons avec une entière impartialité envisager les résultats de ce principe dans son application.

Eh bien ! nous dirons franchement qu'il faut applaudir aux résultats que proclame cette statistique officielle. A ceux qui craignent la résurrection de la main-morte de l'ancien régime, nous répondrons qu'apparemment leurs terreurs sont vaines ou mensongères, puisque le gouvernement, principal intéressé dans cette question, le gouvernement image vivante de l'État, a cru devoir développer plutôt que modérer ce courant d'idées généreuses en faveur des établissements et corporations. Nous n'avons pas oublié, en effet, cette nouvelle jurisprudence administrative datant de 1873 et s'affirmant en faveur des personnes morales ecclésiastiques.

Ah ! sans doute, la main-morte peut dans certaines limites constituer un danger pour l'État. Voilà pourquoi nous avons défendu l'art. 910, qui sera toujours à nos yeux un principe fondamental d'ordre public et d'économie politique. Mais il ne faut pas s'exagérer l'importance des dons et legs faits aux personnes morales durant ces dernières années.

Pourquoi en effet la main-morte de l'ancien régime était-elle tant à redouter ? Parce qu'elle possédait la plus grande partie du sol.

Eh bien ! il est à remarquer que le plus grand nombre des dons et legs faits depuis 1872, consistent en valeurs mobilières. Il y a très-peu de libéralité portant sur des immeubles, sur des biens-fonds. La propriété foncière reste dans le patrimoine des familles : elle continue à se morceler tous les jours davantage. Les grands domaines qui, je le répète, faisaient et feraient encore aujourd'hui la puissance des gens de main-morte, ces grands domaines, loin de se reconstituer, se divisent à chaque nouvelle génération. Dès lors, c'est avec raison que le gouvernement se trouvant en présence de dons et legs consistant en valeurs mobilières, ne voyant dans les acquisitions de cette nature aucun des caractères de la main-morte de l'ancien régime, a cru pouvoir sans danger les autoriser dans une très large mesure. Toute crainte disparaissant de ce côté, c'est un honneur pour lui d'avoir largement appliqué cette belle maxime qui sera toujours vraie : « Rien n'est si grand comme d'accomplir la volonté du mort » !!

Aussi bien, voyons-nous dans ce nombre considérable des dons et legs en faveur des personnes morales, l'expression d'un sentiment qui fait honneur à notre génération.

Nous sommes tous, dans une société, solidaires jusqu'à un certain point les uns des autres. Enfants de la même patrie, nous devons, chacun dans notre sphère et suivant nos moyens, contribuer au développement du bien-être moral et matériel de notre pays. Il y aura toujours des souffrances à guérir, des misères à soulager, des ignorants à instruire, de grandes causes à servir. L'État ne peut suffire à toutes ces charges. En donnant aux personnes morales, organes des intérêts généraux à différents degrés, nous venons en aide à l'État. En faisant des dons et legs aux grands services publics qui sont à sa charge, nous prenons une part indirecte au gouvernement et à la responsabilité des affaires communes ; nous affirmons, c'est là l'honneur de notre génération, que nous avons au cœur le sentiment de la solidarité qui doit exister entre tous les membres d'une même nation.

POSITIONS

DROIT ROMAIN

I. — L'hérédité jacente n'est pas une personne morale.

II. — La personne morale n'est pas une conséquence nécessaire du droit d'association.

III. — Les diverses incapacités primitives de recevoir pour les personnes morales ne furent pas des incapacités proprement dites, mais des impossibilités tenant au formalisme rigoureux du droit quiritaire.

IV. — Les Romains n'ont jamais considéré les personnes morales comme des *personæ incertæ*.

DROIT CIVIL

I. — L'acceptation provisoire peut être, sans violer aucun principe de droit, généralisée au profit des personnes morales, qui ne peuvent invoquer aucun texte leur conférant ce bénéfice.

II. — Les donations déguisées sous la forme d'un contrat à titre onéreux, sont nulles.

III. — La libéralité faite à un établissement non reconnu, sous la condition qu'il sera reconnu, est nulle.

IV. — Les fabriques et établissements ecclésiastiques peuvent recevoir des dons et legs en faveur des pauvres et pour les fondations d'écoles.

V. — La société civile n'est pas une personne morale.

DROIT ADMINISTRATIF

I. — L'autorité administrative n'a pas en droit strict le droit de réduire une libéralité.

II. — L'intervention du maire dans l'acceptation d'une fondation charitable ou scolaire qui ne s'adresse pas directement à la commune n'est pas justifiée au point de vue des principes.

DROIT COMMERCIAL

I. — L'association en participation n'est pas une personne morale.

II. — Les tribunaux civils sont absolument incompétents en matière commerciale.

DROIT CRIMINEL

I. — Une personne morale ne peut commettre ni crime, ni délit.

II. — Le duel n'est pas puni par la loi française : en conséquence l'homicide commis, les blessures faites et les coups portés dans un duel, ne constituent ni crime, ni délit.

Vu par le Doyen de la Faculté,
Chevalier de la Légion d'honneur.
CARLES.

Vu et permis d'imprimer :

Le Recteur de l'Académie d'Aix,
Chevalier de la Légion d'honneur.
J. BOURGET.

TABLE DES MATIÈRES

Pages

Introduction 7

Droit romain. — *Première partie.* — Principes généraux sur les personnes morales reconnues à Rome 9

Deuxième partie. — Des dons et legs 17

Ancien droit français. 35

Droit moderne. — *Première partie.* — Principes généraux sur les personnes morales reconnues dans notre droit 43

Deuxième partie. — Des dons et legs

Première section. — Principes communs à toutes les personnes morales instituées donataires ou légataires 49

Deuxième section. — Des règles spéciales à chaque personne morale en particulier, instituée donataire ou légataire, soit directement, soit en vue du service public, dont elle est l'organe 94

Conclusion générale. 145

Questions controversées. 149